JN083362

激せまキッチンで 時短！簡単！ムダなしごはん

草野かおる

私たちは「歴史」の中で生きている。

歴史の教科書でしか見たことなかった言葉、

「パンデミック」。

聞きなれない言葉が、次々と生まれました。

「クラスター」「オーバーシュート」「ロックダウン」

「緊急事態宣言」「都市封鎖」「感染爆発」「ソーシャル・ディスタンス」。

映画館も、美術館も、コンサートホールも、学校も、図書館も、遊園地も、閉鎖。

「オンライン授業」「時差通勤」「テレワーク」「自宅待機」「リモート飲み会」

感染予防のために

エレベーターのボタンを押すときは指先はつかわない

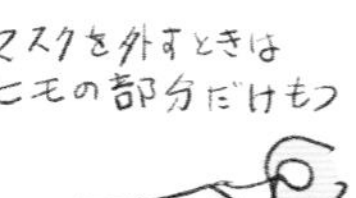
マスクを外すときは
ヒモの部分だけもつ

学校生活も、仕事のやり方も変わりました。
人類は何度も「パンデミック」の危機を乗り越えてきています。
今回も必ず、乗り切るでしょう。
ちょっとだけ「不安」という荷物を、肩から下ろして
今できることを、少し楽しみましょう。
窓を開けて、空気を入れ替えましょう。
窓の外の、澄み切った青空と、心地よい風を、味わいましょう。

「激せまキッチン」でも、
時短！ 簡単！ ムダなくおいしい、
健康的なごはんを作りましょう。

スマホは
消毒
アルコール

手洗いは30秒
手のひら
つめ
ゆびの間
ゆびを1本ずつ

手の甲

手くび

ワンルームマンションでひとり暮らし1年生

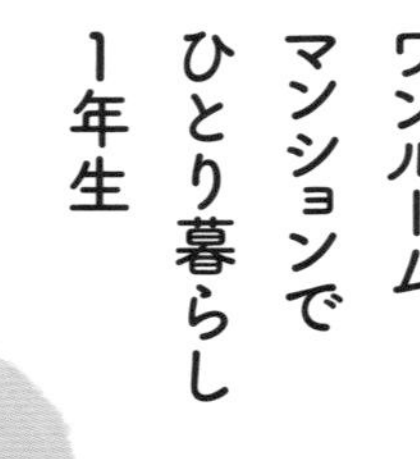

私は青葉ひなの社会人1年生
毎日いっぱいいっぱいいっぱいの生活…
つかれた～
カギ ゴソゴソ

ひなちゃん
おかえり
お疲れ様!
とも姉

彼女はお隣さんの本田知子さん 何かとお世話になっている姉的存在

それ、夕飯?
そう
残業でクタクタでさ
買ってきちゃった

お仕事頑張っているんだね
ちょっと待ってて

それだけじゃ野菜が足りていないから作り置きのサラダあげる

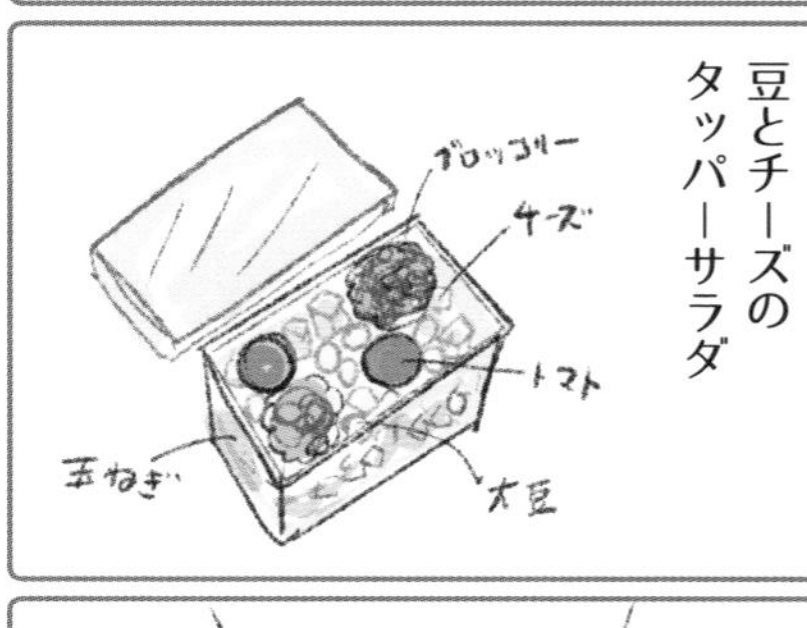

ブロッコリー
チーズ
トマト
玉ねぎ
大豆

豆とチーズのタッパーサラダ

おいしそうなサラダ
いつもありがとう

プロフィール

ひなちゃん ＆ とも姉（ねえ）

激せまキッチンのワンルームに住む

青葉ひなの（22歳）

社会人1年生
仕事を覚えるだけで精一杯の日々

ひとり暮らし歴

半年

料理

初心者
やる気はあるが
継続しない

趣味

ネットサーフィン

海外ドラマ鑑賞

最新スイーツの
食べ歩き

激せまキッチンワンルームでの
料理の腕前はプロ級

本田知子（28歳）

色々とアドバイスしてくれる
ひなのの「よき理解者」

ひとり暮らし歴

8年

料理

簡単で
体にいい料理が
得意

趣味

ひとり旅

読書

エスニック料理の
食べ歩き

私も新社会人の時
夕食は全部
コンビニ弁当だったよ
とも姉も？

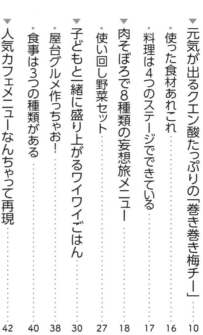

もくじ

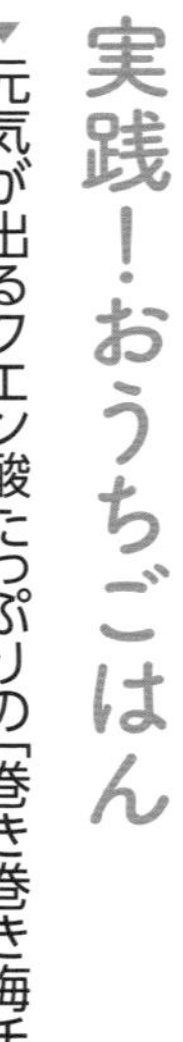

1 実践！おうちごはん

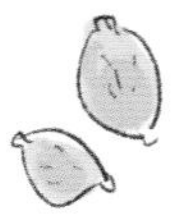

② ヘルシーに！おうちごはん

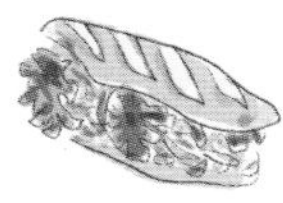

3 使い切り！おうちごはん

❶ 実践！ おうちごはん

ハンド
ソープ

元気が出る クエン酸 たっぷりの「巻き巻き梅チー」

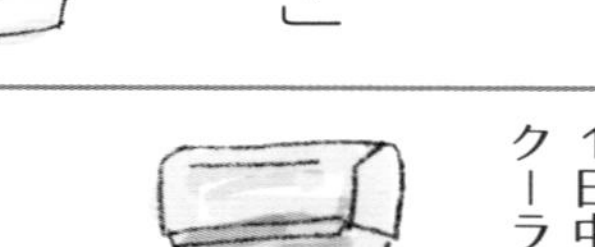

1日中
クーラー

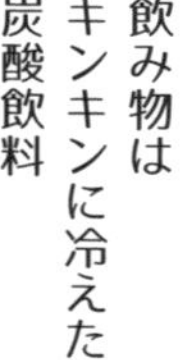

飲み物は
キンキンに冷えた
炭酸飲料
COLA
CAFE

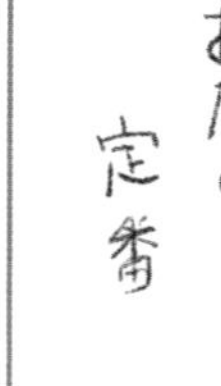
そうめん、冷やし中華
そばのルーティン
お昼の定番

暑い中
マスクはしんどい
熱中症になりそう

睡眠の質が
悪いせいか
寝起きは最悪
だる〜

何か
特効薬ない？
そうね〜

特効薬か…
そうだこれ！

梅干し!
梅干しが?
酸っぱい味の源クエン酸には、
疲労回復と食欲増進効果殺菌効果があるんだよ
クエン酸たっぷりの
梅とチーズと豚肉の「巻き巻き梅チー」を作ろう
豚肉は、夏バテに効くビタミンB1が豊富
梅干しは…
母の手作りだよ
「本物の梅干し」を使う
「本物の梅干し」?
本物と偽物があるの?
梅干しは梅を塩漬けにして作る
とってもシンプルな漬物
1000年以上前から食べられていて
梅干しで病気を治した天皇もいるのよ

原料が「梅と塩」だけが
昔ながらの「梅干し」

梅干しのパックの
裏に「梅干し」って
書いてあるよ

スーパーで多いのが
「調味梅」

ウラをみて

原料は梅でも

梅干しを塩抜きしてから

しおぬき

味をつけなおした

塩抜きした時点で
梅の天然のクエン酸も
抜けちゃうの

もったいない〜
なんで？

酸っぱくてしょっぱい
昔ながらの梅干しって

すっぱっ

はちみつ梅や
おかか梅みたいに

フルーティ

食べやすく
ないからね

昔ながらの梅干しって
１００年持つけど

明治生まれの
梅干し

調味梅は
賞味期限があるから
気をつけて

今日は
母の手作りの

昔ながらの
酸っぱい梅で
いきます！

豚の薄切りに
青じそ、チーズ、
梅干しをのせて
くるくるっと巻く

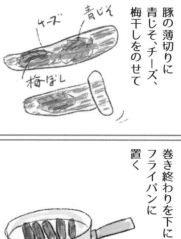

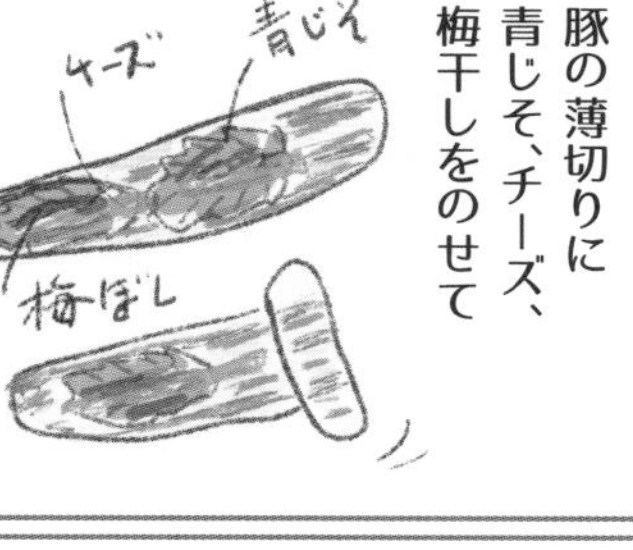
青じそ
チーズ
梅ぼし

巻き終わりを下に
フライパンに
置く

そのまま
じわじわ焼く

チーズと梅の塩気で
味つけは何も
いらない

お弁当にも
どうぞ

OK

副菜は
簡単にできる
サラダ

材料は
これだけ

太陽をたっぷり浴びた
旬のトマトは

リコピンたっぷり
美肌にもいいし

旬のきゅうりも
カリウムがいっぱい

体の熱を下げて
むくみにも効くよ

ざく切り

寿司酢・醤油・ごま油
白ごま・梅肉を少し

甘めの
中華風サラダに

すし酢
しょう油
ごま
ごま

味噌汁は
老化予防や
美容にいい
ポリフェノール
たっぷりの
なすを使おう

なすは油と相性が
いいし
吸収もいい

切ったなすは
マグカップに入れ
ごま油をたらし、
このまま
レンジでチン

お水を入れて
またレンジでチン
熱々になったところに
味噌とだしを入れる
液味噌でもいいよ

ゴマ油で
ナスの色も
きれい

とも姉
これって
手作りの梅ペースト？

そうだよ

ポリ袋でもみもみして
種と実を外してから
実だけ刻んで、
小瓶に入れておくと

混ぜごはんや、和え物、
お弁当、
調味料としても
すぐ使えるよ

残った梅の種は
熱湯を注いで

ほ〜

梅味の
白湯に

さすが

＼味つけいらず／

コスパ

豚の巻き巻き梅チー
200円

豚肉　梅肉　青じそ　チーズ

＼ごま油香る／

コスパ

なすの味噌汁 30円

なす　ごま油　液味噌　または味噌とだし

＼切るだけ／

コスパ

トマトときゅうりの
中華サラダ 50円

トマト　きゅうり　寿司酢　醤油
白ごま　ごま油　梅肉

梅の酸味が
さわやか〜

夏は汗をかくから
塩分をとった方が
いいんだよ

食材は次ページ参照

作る順番

ご飯を炊く

サラダを作って
冷蔵庫で冷やす

なすとごま油をカップに
入れレンジでチンしておく

液みそと湯を
入れるだけに
しておく

梅しそ巻きを焼く

梅肉は、豚肉だけでなく、鶏肉や魚とも相性抜群です。梅干しを使ったメニューは数多くあります。「梅干しうどん」「イワシの梅巻き」「梅チャーハン」…調味料として使うと、料理の幅が広がりますね。

使った食材あれこれ

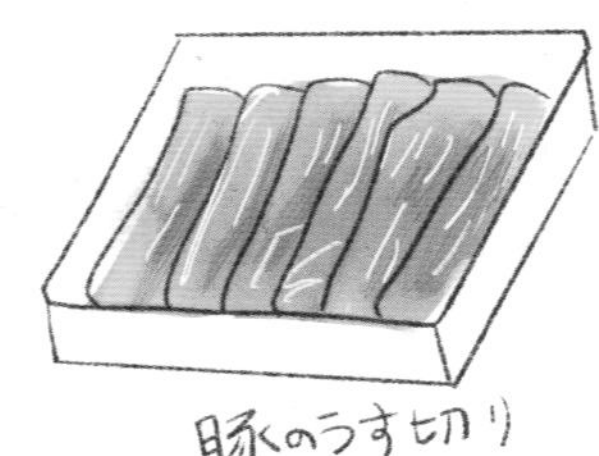
豚のうす切り

チーズ
チーズ
梅干し
青じそ
トマト
なす
きゅうり
しろごま
こんぶだし
すし酢
しょう油
ごま油

梅干しは手に入らなかったら
調味梅や
梅肉チューブで
代用してみて

りんきおうへん

料理は４つのステージでできている

ラーメン屋さんの厨房を想像してみてください。お客さんが入店して、ラーメンとチャーハンが出るまで、早ければ5分くらいです。なぜ、そんなに早く提供できるのでしょうか？　それは「仕込み」があってこそ。スープができている。チャーシューや野菜も切ってある。

ごはんも炊いてある。あとは、麺を茹でるだけ、ごはんを炒めるだけという状態にしておくわけです。激せまキッチンでも、同じです。冷凍ごはんがある、茹で置き野菜がある、野菜セットがある、小分けの冷凍肉があるだけで、早ければ5分で食事にありつけます。

おまちどうさま
5分でラーメン
はやっ

実は激せまキッチンだから仕込んでおかないと料理がしづらいのです
新鮮！
旬なものは安い
切っておくだけで8割は終わっている
炊飯
ほぼフライパンひとつで完了
めんつゆ
ぽん酢
市販品プラスα
片づける

買い物

仕込み
トントン

加熱

味つけ
秘伝の味ならぬめんつゆ

たべる

肉そぼろで8種類の妄想旅メニュー

ひき肉で
世界の旅

とも姉リモートワーク中
ごはんどうしてる？

FaceTime

そうだね…

この間
スーパーに行ったら

お得なひき肉の
ジャンボパック発見

よし
これをメイン
食材に！

豚ひき

ひき肉は
傷みやすいから

その日のうちに
料理しちゃいます

賞味期限短し

まずは一気に
フライパンへ投入

肉の色が変わり
火が通ったら

半分取り分けて
塩コショウをふり

「塩コショウ
肉そぼろ」に

S
P

残りは麺つゆで
甘辛く味つけ

「麺つゆ肉そぼろ」
今日はこれをごはんに

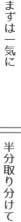

卵をマグカップで
ときほぐし、
はちみつを入れて
30秒ずつ
レンジでチン

はちみつ

半生状態から
グルグルして
炒り卵完成
加熱しすぎに注意して

茹で置きの
ほうれん草は

冷蔵庫のレギュラーメンバー

オリーブ油と
塩コショウをふって
レンジでチン
「ほうれん草のソテー」

S
P
オリーブ

わかった
それ、「三色丼」だ

大好き
ピンポン
あたり

「麺つゆ肉そぼろ」で
三色丼。紅生姜を
トッピングするのが
我が家流

三色丼
お母さんの味

豆腐と乾燥わかめ
液味噌で味噌汁

みそ
とうふと
わかめ

夕飯は
「三色丼定食」

いただきます

肉そぼろは別々に保存

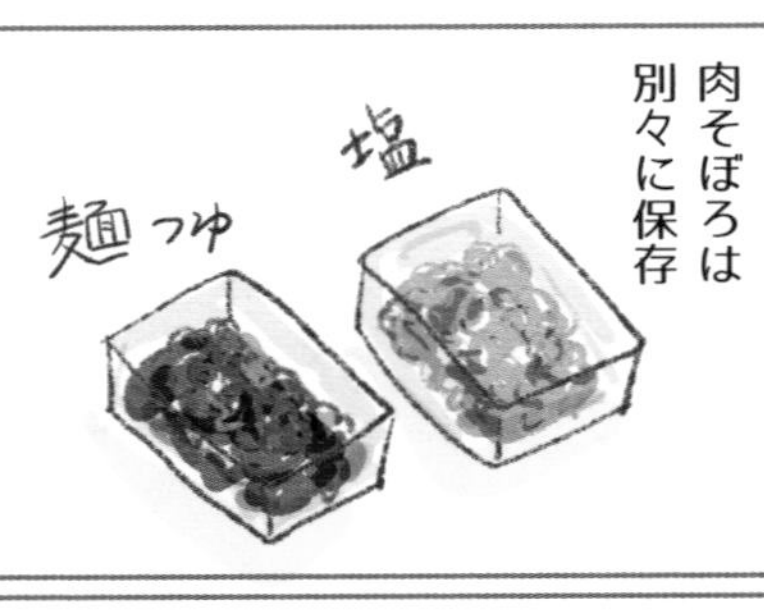
麺つゆ
塩

翌朝の朝ごはんは

トーストで…

「塩肉そぼろ」大さじ2
ケチャップひと巻き
とろけるチーズで

とろけるスライス
ケチャップ

オーブントースターに

肉の油が多いから
バターはいらない

これは
食べてビックリする
味だよ！
つまり…

ハンバーガー味の
トーストに
なる！

それから
テレワークで
働いて

おはようございます

お昼は冷凍うどん

さぬきうどん

レンジで熱々にして
生卵を落として
チューブ生姜と

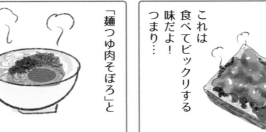

「麺つゆ肉そぼろ」と

たっぷりの青ねぎ
お醤油をかけて
いただきます

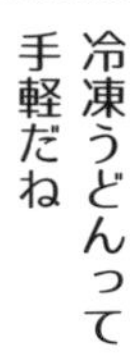

冷凍うどんって
手軽だね

今は袋のまま
レンジでチンできるから
鍋いらずだよ

すごいね
肉そぼろ使い回し

夕飯も
「三色丼」？

違うよ
カレーライスを
作ったよ

でかマグ

塩肉そぼろと
冷凍野菜、
水にカレールーを
ひとかけら

カレールー

電子レンジで
とろみがつくまで
チンするだけ

こまめに
マゼマゼしながら
加熱するのがコツ

インドカレー屋さんで
おなじみの

サブメニュー

あの
飲み物を
作るよ

オレンジジュースと
牛乳を半々に入れると

ミルク

ヨーグルト風味に

名づけて
「なんちゃって
ラッシー」

気分は
インドの
大衆食堂

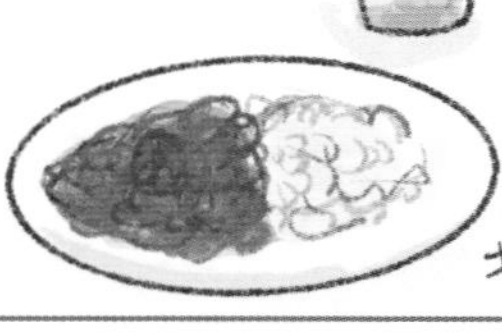
キーマカレー

ははは…
おいしそう
でも
とも姉ん家に
オレンジジュースが
あるの珍しいじゃん

今は、買い物も頻繁に
行けないから
ビタミンCの補給に
買ったんだ

このあいだ特売の
オレンジジュース
買ったんだけど
90%は水？
果汁10%だった

それ、
なんちゃってジュース
だよ

ジュースって
名乗るには
果汁100%じゃ
ないとダメなんだよ

ジュースにも
種類があって

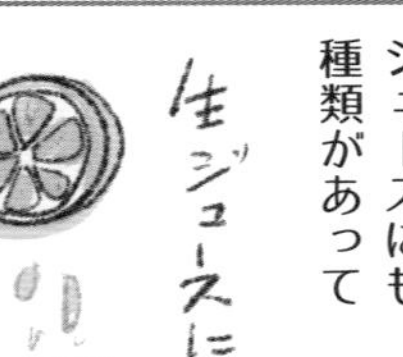
生ジュースに近い

果汁をそのまま搾った
「ストレート果汁」

濃縮還元の果汁を
薄めて100%にした

保存がきき
輸送も
低コスト

「濃縮還元タイプ」

とも姉のはどっち？

？

買ったのは
濃縮還元タイプの
パルプ果汁入り

オレンジ
100%

ビタミンC入りの
オレンジジュースだよ

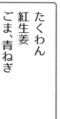

パルプ果汁って何？

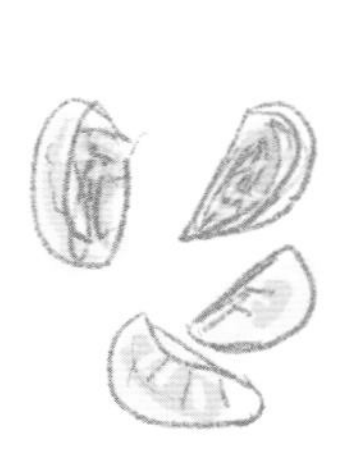
みかんの内袋なんかの繊維質部分だよ
果実感があるし繊維質も摂れるしね

ジュースも色々あるんだね…肉そぼろ生活は終わり？
ううん翌朝の朝ごはんで使うよ

冷凍ごはんに鶏がらスープごま油を垂らして
ごま
レンジでチンして中華粥を作る

たくわん紅生姜ごま、青ねぎ
そして「麺つゆ肉そぼろ」をトッピング

ウーロン茶を淹れて
ニーハオ
イメージは香港の朝ごはん

香港の朝ごはんってこんな感じ？

私の妄想も入っている朝ごはんだけどね

よく思いつくね
グルメ番組でもそうだけど旅番組映画小説とかでもインスパイアされるんだよね

ランチは電子レンジ用の容器でパスタを茹でて

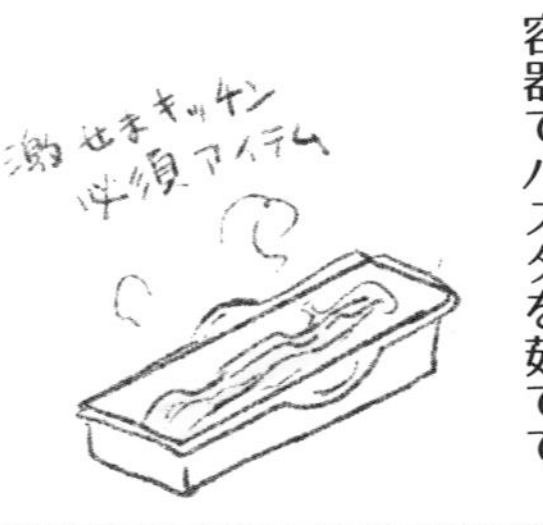
激せまキッチン
必須アイテム

水道の水で洗う

えー、洗うの？

そうだよ洗って水を切っておいて

野菜セットと塩コショウ、肉そぼろをフライパンに入れ

トマトケチャップを入れて煮詰める
隠し味はとんかつソース少々

ソース

ほどほどに煮詰まったソースにスパゲティを入れ
さらに炒める

するとモチモチの「ナポリタン」に！

麺を水で洗うことで「ナポリタン」特有のモチモチ感が出るんだよ

もち
もち

気分はイタリア?
それがナポリタンは日本生まれなんだよね

気分は横浜の昔ながらの喫茶店だよ
純喫茶
ナポリ

そうなんだ
家から出ないのに妄想だけはすごいね
へえ〜

動かない割にカロリー摂取してるから
夜は糖質オフメニューに
太った?

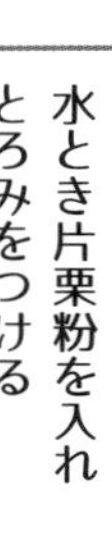

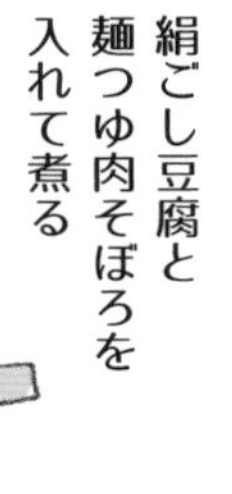
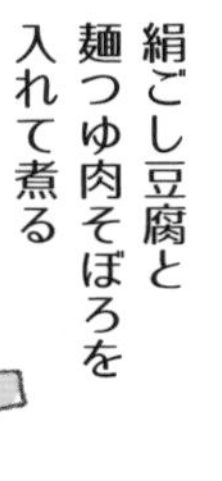
絹ごし豆腐と麺つゆ肉そぼろを入れて煮る
水とき片栗粉を入れとろみをつける
市販のうどんスープで味つけ

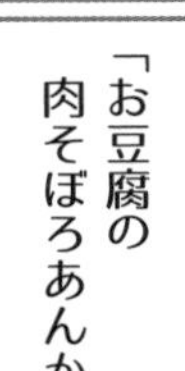

「お豆腐の肉そぼろあんかけ」
170キロカロリー

京都の小料理屋の女将になってまかないとして食べているつもり

とも姉の想像力豊か〜
これで、肉そぼろ食べ切った?
たのしい〜

実は、ちょっとだけ
残った肉そぼろに
味噌とはちみつ
ごま油、
チューブの
ニンニクを入れて
塩でも
めんつゆ
どちらでも
OK

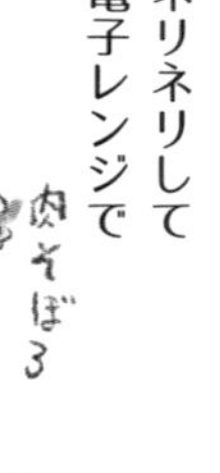
ネリネリして
電子レンジで
チンして
にんにく
ごま
はちみつ
みそ
肉そぼろ

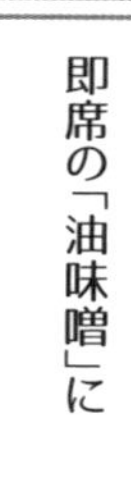
即席の「油味噌」に

"あぶらみそ"
って何？

沖縄のごはんの
お供だよ
オキナワ
今度は
沖縄？

結局
白いごはんに
「油味噌」つけて食べた
おいしい
さ～

おいしそう
肉そぼろだけでも
こんなに
バラエティ豊かに
できるんだね

そうなんだよ～
「肉そぼろ」で
旅をしています

使い回し野菜セット

みそ汁に
カレーに
パスタの具に
にんじん
玉ねぎ
えのき
「野菜セット」
1コ25円
空気を抜いて
ポリ袋の口を
しばる
「野菜セット」は
冷凍野菜に
煮込み専用
なので
うす切りや
細かくしてね
2日以内に
使う予定
のものは
冷蔵庫に
それ以外は
冷凍庫に
（2日以上
使わない分）
自分なりの
「野菜セット」
作っておくと
便利！

＼定番人気メニュー／

コスパ

三色丼 100円

ごはん　麺つゆ肉そぼろ　炒り卵
ほうれん草炒め　紅生姜

＼食べてびっくり！／

コスパ

ハンバーガー味トースト 80円

食パン　塩肉そぼろ　ケチャップ
とろけるスライスチーズ

＼ヨーグルト風味／

コスパ

なんちゃってラッシー 80円

牛乳　オレンジジュース

＼手軽で満足／

コスパ

肉うどん 100円

うどん　麺つゆ肉そぼろ　卵　青ねぎ

＼すぐできる！／

コスパ

キーマカレー 100円

塩肉そぼろ　冷凍野菜セット
カレールー　ごはん

＼ごま油香る／

コスパ

香港の朝ごはん風中華粥 100円

ごはん　鶏ガラスープ　ごま油　麺つゆ肉そぼろ
たくわん　紅生姜　青ねぎ　ごま

＼沖縄B級グルメ／

コスパ

油味噌のせごはん 50円

肉そぼろ　味噌　はちみつ(砂糖でもOK)
ごま油　ニンニク　ごはん

＼昔ながらのおいしさ／

コスパ

ナポリタンスパゲティ 100円

肉そぼろ　パスタ　冷凍野菜セット
ケチャップソース　塩コショウ

＼カロリーオフ／

コスパ

お豆腐の肉そぼろあんかけ 100円

絹ごし豆腐　麺つゆ肉そぼろ　片栗粉

子どもと一緒に盛り上がるワイワイごはん

一時期
学校がずーっと
なくて
買い物も
食事も
タイヘン
イトコ

子どもたちは
好き嫌いもあって
何かいい
アイデア
ない？
OK

子どもたちに
お手伝いをさせて
手あらい
しっかり

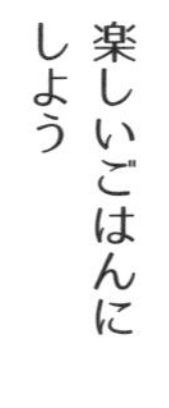
楽しいごはんに
しよう

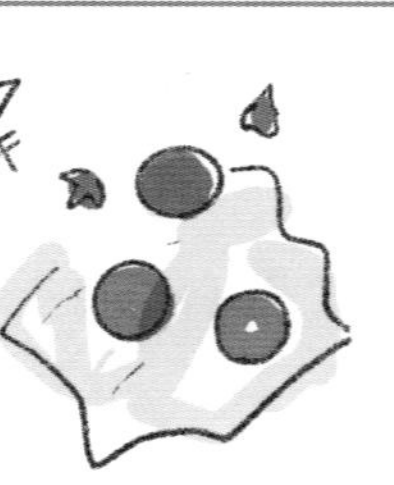
プチトマトは洗って
ヘタを取って
プチ
プチ
紙タオルで拭いて

これから切るものは
だいたいで
いいよ
プチトマトの大きさに
合わせて

きゅうりは
フォークでキズを
つけて
輪切りにする

塩をふっておくと

しばらくしたら
水分が出てくるので

紙タオルで
水気を拭いておく

下味をつけると
おいしいからね

自分で唐揚げを
揚げてもいいけど

スーパーで
買いました

冷凍食品でもOK

唐揚げも

プチトマトくらいの
大きさに切る

キャンディチーズは
包装から出して
ブロックチーズの場合は
ひとくちサイズに

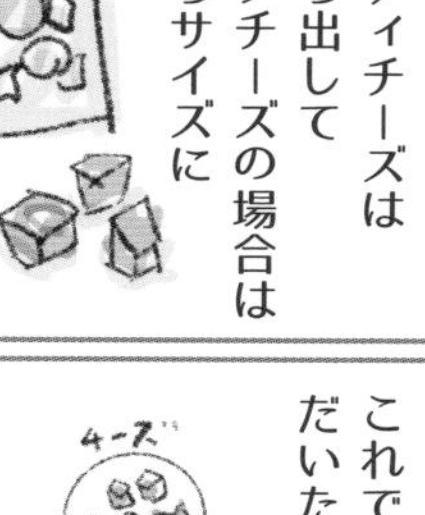

これで
だいたい揃ったら

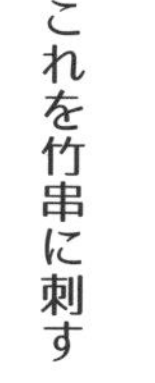
チーズ
からあげ
トマト
きゅうり

これを竹串に刺す

好きなものばっかりじゃ
なくて全種類を
刺すのがルール

土台は大根を切って

そこに竹串を刺す

カーニバルの
風船みたいな
「串
カーニバル」

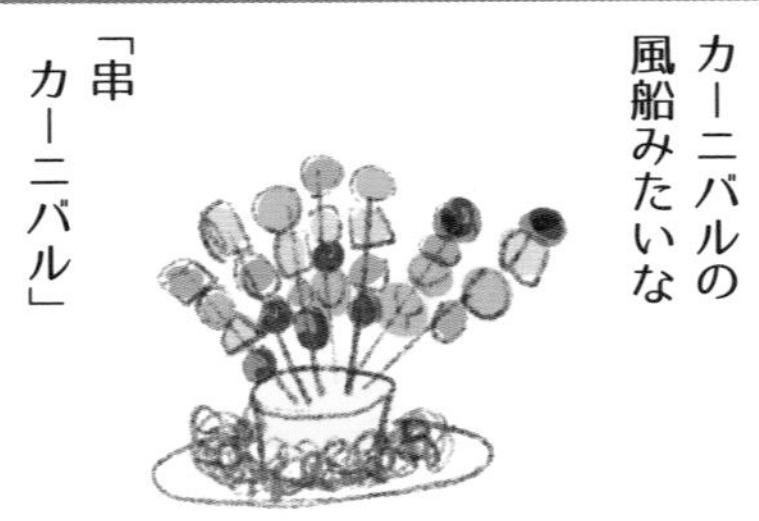

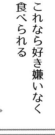

これなら好き嫌いなく
食べられる

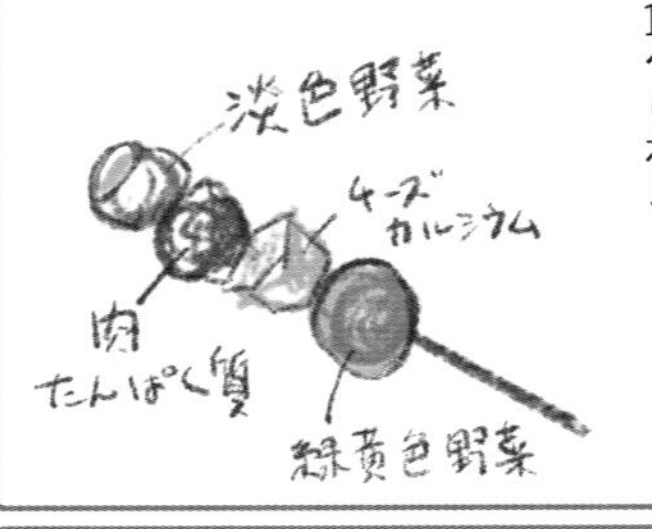
淡色野菜
チーズ
カルシウム
肉
たんぱく質
緑黄色野菜

串に刺せるものなら
アレンジできるよ

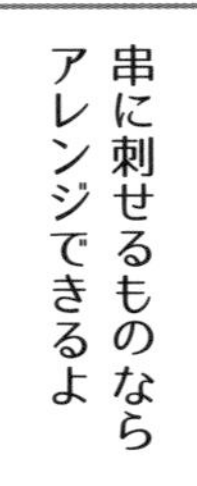
うずら
焼き
しいたけ
里いも煮
チーカマ
大人向け

竹串には
気をつけてね

すわって
食べて

ごはんに

ちらし寿司のもとを
混ぜて
混ぜ寿司に

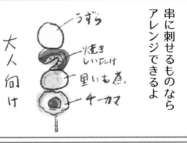

すし太郎

レンジで炒り卵を作る

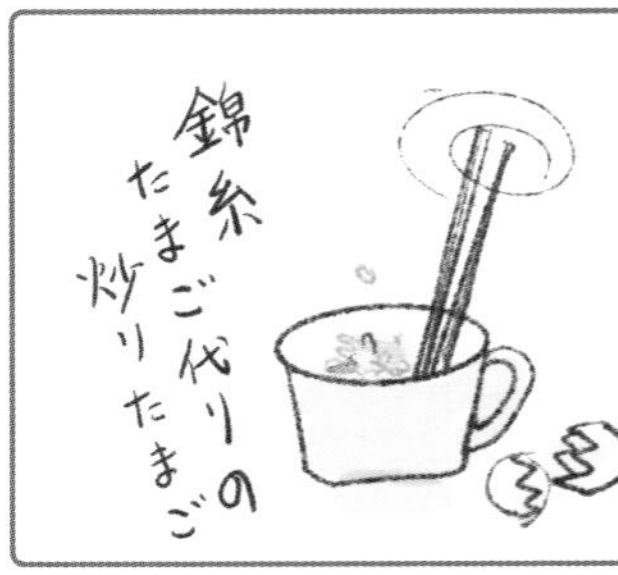
錦糸
たまご代りの
炒りたまご

製氷皿の底に
ラップを敷き
ラップは
大きめに

鮭フレークや
炒り卵を入れたり
たまご
さけ

かまぼこや
きゅうりなんかもいい
大きさに合わせてカット
きゅうりのうすぎり
かまぼこ
冷蔵庫の中から
さがしてみて

具材の上から
寿司飯を詰め
ラップで
フタをして
指やスプーンで
ギュウギュウに
詰めるのがコツ

それから
お皿にひっくり返す

おお〜

イクラとか
絹さやがあれば飾って

枝豆や
紅生姜でもいいよ

切り取り線みたいに
切って食べる
めちゃかわいい
ひとくち押し寿司

かわいい
「お寿司の
山脈」だ！

デザートも派手にいこうか

ドハデに行こう

食パンを1斤用意して

底のあるタイプ

中に切れ目を入れる

後で食べることを考えて、底に切れ目を入れておく

切り離さない

バターを塗ってオーブンで焼く

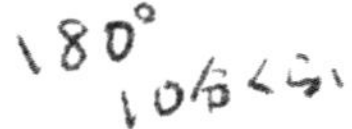
180°
10分くらい

オーブントースターを使うならパンの高さに注意して

こんがり焼けたら

じわ〜

お好みのアイス

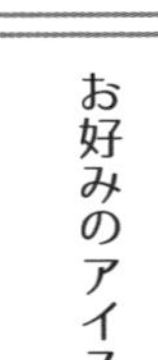

こういう形のアイス

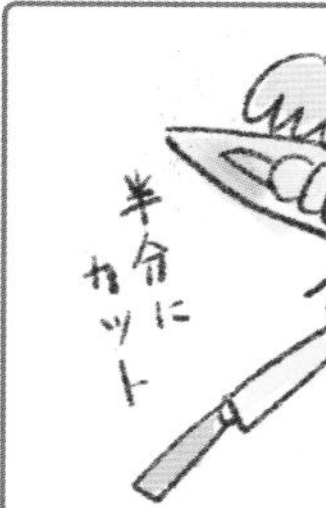
アイスを半分にカット
ケースを持って
半分にカット

トーストにオン
後は果物を飾れば
パカッ

カフェみたいなハニートーストに

パンに塗るチョコクリームだってラップに包んで楊枝で穴を開けると
パンにつけるタイプ
つまようじ

チョコビームになるよ

お菓子を飾りにしてもいいよ
きのこの山
ミニプリン

かわいい！
とっても高いトーストだ

溶けかかったアイスがじゅわっとおいしい
しあわせ〜

たのしー
土台の大根はおみそ汁などにムダなく使って食べてね

＼楽しく栄養バランス／

コスパ

串カーニバル 500円

唐揚げ　プチトマト　チーズ
きゅうり　大根　豆苗（飾り）

製氷皿全部を使うと
大きなお寿司になるね
＼職人技いらず／
コスパ
お寿司山脈 300円
ちらし寿司の素　鮭フレーク　きゅうり
炒り卵　海苔　ごはん
好きな
お菓子を
飾っても
カワイイ
1斤のパンが
入手できなかったら
カットしたスーパーのパンを
重ねても
いいよ！
EVEREST
＼絶対盛り上がる／
コスパ
エベレストースト
500円
食パン　アイスクリーム
果物　チョコクリーム

屋台グルメ作っちゃお！

皮ごと食べられる
種なしぶどう
グラニュー糖大さじ3
水大さじ1
500W
2〜3分で
黄金色の飴に
やけどに
注意
いちごに
飴をからませる
イチゴ飴
30円〜
クッキングシートの
上でさます
（飴どうし離して）
アルミ
発泡スチロール
チョコバナナ
50円〜
チョコバナナ
固いバナナを使ってね
冷蔵庫で冷やす
チョコスプレーをまぶす
クッキングシート

半分に折った
スパゲティを
油でじわじわ揚げる
油はひたる
くらいでOK
パスタ
フライド
味しお
こしょう
フライドパスタ
10円～
熱々のうちに
塩こしょうで味つけ
ペーパー
タオル
板チョコを
ジッパー付き袋に
入れて湯煎する
鍋底に触れ
ないように
ボールを使って
バナナ
半分
わりばし
チョコを
つける
袋を外側に開く

食事は3つの種類がある

好きなものを
好きなだけ
生命維持のため
楽しみのため
しあわせ〜
ケーキバイキング

「食事は、体によいもの8割・好きなもの2割」。あるスーパーモデルの言葉で、身体が資本のモデルさんらしい、素敵な言葉だなと感心しました。

さて私たちは、どうでしょう。食事は「おいしさ」「手軽さ」が最優先になっているのではないでしょうか。

私たちの体は、口から入る食べ物でできています。何を食べるかは、自分で決められます。1日3回の食事のうち、1回は「体によいもの」を選びましょう。そのことが、未来の自分の体を作ってくれるはずです。くれぐれも食事が「エサ」にならないように、立ち止まって考えてみましょう。

食べるのも
仕事です

すべての食事を
完璧にする必要は
ないけど
バランスが大事

空腹を満たすため

生きるために

食う

筋肉のために

体のため

お寺ごはん
玄米菜食

栄養も大事!

人気カフェメニューなんちゃって再現

カフェもお休み
休業中

フラッペドリンクでひと休みしたいなぁ

家で再現したいけどミキサーとかいるんだよね
ないし

スーパーで買ったものでも作れるよ

「なんちゃって」だけどね

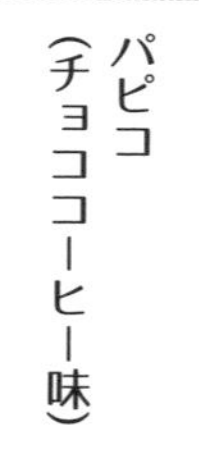
パピコ（チョココーヒー味）
かき氷系のアイスならOK

パピコを手でほぐして
もみもみ
コップに入れる

インスタントコーヒーを少々混ぜると
インスタントコーヒー
大人の味になるよ

ここに
コーヒーゼリーを
ざっくり混ぜれば
コーヒーゼリー
フラッペ

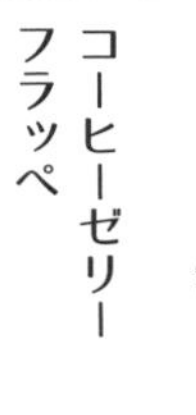

さらに
ホイップクリーム
をのせて

クリーム

板チョコを
果物ナイフで
削って

トッピングすれば
「コーヒーゼリー
ひなのフラッペ」

¥200

ホットケーキミックスで
スコーンも作れるよ

ホットケーキ
ミックス
1袋
200g

ホットケーキミックス
バター、絹豆腐を
混ぜ合わせる

3コパックの
絹どうふの
半分
バター
やまもり大さじ1

まとまってきたら
チョコレートも
入れて混ぜる

1枚
割って

全体にチョコを
混ぜて
なじませる

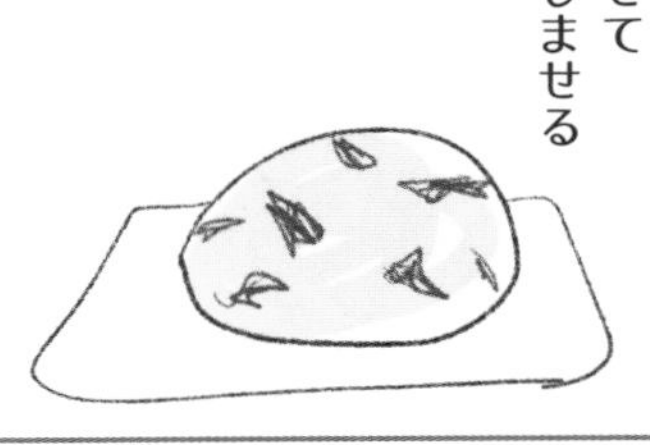

4個に切って

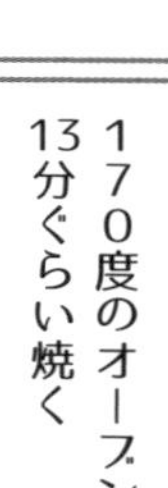

170度のオーブンで
13分ぐらい焼く

焼きたてのスコーンを
どうぞ
¥170

とも姉
ありがとう
代わりに
「ひなのフラッペ」
持ってきたよ
わーい

とも姉作の
サンドイッチも
入ってる
作り方
教えて

パンには
辛子マヨネーズを
塗る

茹で卵は
スプーンでほぐして
マヨネーズで和える
マヨネーズ

あれば
茹でた
ブロッコリーも
細かく切って
混ぜる

ハムはガツンと盛ってボリュームを出して

レタスとトマト、きゅうりをのせていく

このボリュームを圧縮するよ

ワックスペーパーでキャラメル包みする

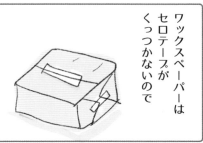

ワックスペーパーはセロテープがくっつかないので

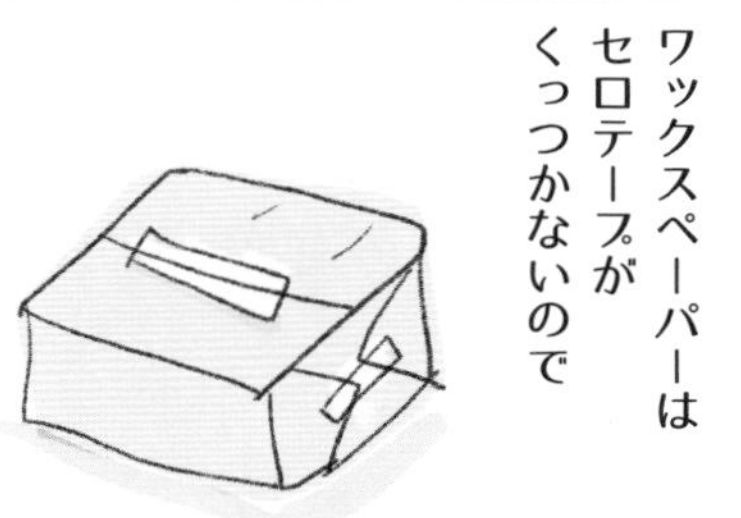

マスキングテープで留めます

100均でも
おなじみ

これを半分にする

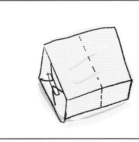

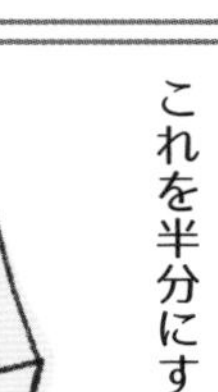

「萌え断面サンドイッチ」だよ

パカッ
スゲ〜

ワックスペーパーって
クッキングシートと
同じなの？
これならある
クッキングシート

違うよ
ワックスペーパーは
蝋を引いた紙
多少の水分はOKだけど
オーブンとかには
使えない

クッキングシートは
シリコン加工で
熱にも油にも丈夫
でも
テープはつかないよ
パンを焼くときも
使えるよ

そうなんだ
サンドイッチ
持って
外に出たいなぁ～

ひなちゃん
ベランダで

外の空気を吸いながら
お茶しない？
「ひなのフラッペ」
おいしいよ

いいね
風が気持ちいい

目をつむると
代官山のカフェだ

＼カフェ風／

コスパ

スコーン 70円

ホットケーキミックス　絹豆腐
バター　チョコレート

＼野菜どっさり／

コスパ

萌え断面サンドイッチ 200円

食パン　きゅうり　トマト　レタス
ハム　卵サラダ　辛子マヨネーズ

＼グラスに入れるだけ／

コスパ

コーヒーゼリー ひなのフラッペ 200円

パピコ　コーヒーゼリー
ホイップクリーム　チョコレート

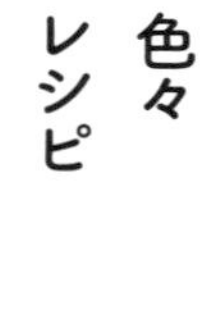

ヨーグルトで色々レシピ

オーブンいらず

ひと晩たつとヨーグルトに
朝露や木の枝ってなんか魔法みたい

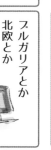

ヨーグルトおいしい
だよね～

ブルガリアとか北欧とか
なんかおしゃれ
憧れちゃうな～

そもそもヨーグルトって何？
？
乳酸菌ってどこから来たの？

乳酸菌って体にいいいんだよね
ヨーグルトで
長寿!?

伝統的なヨーグルトは葉の朝露にいる乳酸菌から作られているんだよ
サンシュユの木の枝

日本は乳酸菌に限らず発酵食の宝庫だよ

味噌、醤油、酒、納豆は
もちろん

漬け物は
乳酸菌の力なしでは
できないからね

野菜の表面に
ついている乳酸菌で

糠床ができて

生の野菜より

ビタミンBは
10倍
吸収も
良くなる

栄養価が高くなって
おいしくなるんだよ
すごいよね

腸にまで生きて届く
植物性乳酸菌

ちなみに
キムチの乳酸菌もそう

なっとう
キムチ
ヨーグルト

キムチや納豆
ヨーグルトは
買うようにしてる

でもヨーグルトって
賞味期限が

400ml
の
プレーン
ヨーグルト

意外と短いんだよね

ヨーグルトが
あるの？

じゃ
ヨーグルトで
ティラミスを作ろう

「なんちゃって
ティラミス」だけどね

オーブン
いらず

ココアのクッキーを
ポリ袋に入れて
ザックリ割る

OREO

クッキーと
チーズヨーグルトを
交互に重ねるだけ

タッパーに
クッキー
チーズヨーグルト
タッパー

インスタント
コーヒーで
味をつける

冷蔵庫に
一晩置くと

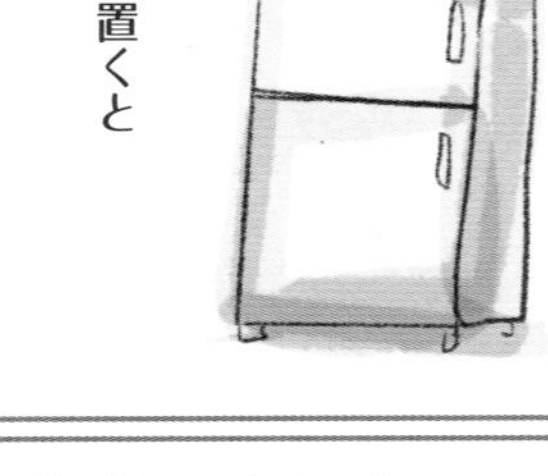

クリームチーズと
プレーンヨーグルトは
混ぜて滑らかに

クリームチーズ
ヨーグルト

ヨーグルトの水分を
クッキーが吸って
コーヒー味のスポンジ
みたいになるし

仕上げにココア

材料はこれだけ
クッキーが甘いから
砂糖はいらないよ

ヨーグルトと
クリームチーズが
なんとなく
マスカルポーネ

ティラミスだ〜
濃厚!!

カレー屋さんで
おなじみの
タンドリーチキン

ヨーグルトに
ニンニクと生姜と
カレー粉、醤油で
チキンを
一晩漬け込む

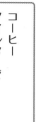

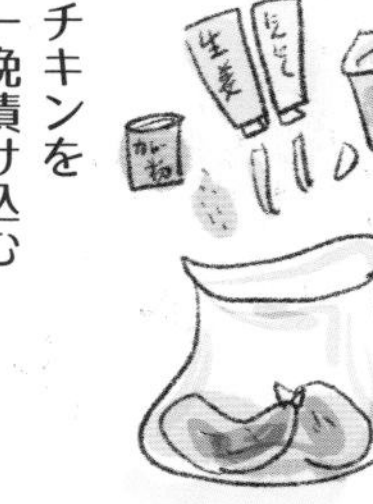
生姜

弱火で焼くだけ

こげやすいから
気をつけてジワジワと

限りあるスパイスで
作るけど
ガラムマサラなしでも
ヨーグルトのおかげで
ジューシーチキンに

コーヒー
フィルターで
水切りヨーグルトが
できるよ

1時間くらいで
こんなに水が切れた

へえー

水切りヨーグルトに
砂糖、マヨネーズを加え
フルーツを和えると

かんづめのフルーツ

これは
昔食べた
人気ナンバーワンの…
給食の
「ヨーグルトサラダ」

＼オーブンいらず／

コスパ

なんちゃってティラミス
100円

ヨーグルト　クリームチーズ　オレオ
インスタントコーヒー　ココア

残った
ティラミスは
トーストにのっけると
おいしいよ

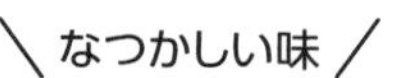
なつかしい味

コスパ

ヨーグルトサラダ
80円

ヨーグルト　砂糖　マヨネーズ
バナナ　りんご　缶詰の好きな果物

バナナと
缶詰フルーツは
ぜったいほしい!

＼ヨーグルトでしっとり／

コスパ

タンドリーチキン
100円

鶏肉　ヨーグルト　カレー粉
ニンニク　生姜　醤油

料理は五感を使った実験だ

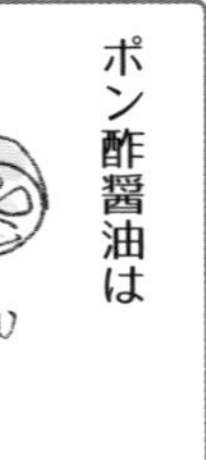
ポン酢醤油は
醤油に
お酢や柑橘果汁を
足したもの
ゆず
ぽん

とも姉
麺つゆと
白だしって
どう違うの？
白だし

和風のサラダ
酢の物
餃子、しゃぶしゃぶ
焼肉、焼き魚
ギョーザのたれ
焼き魚に
おひたしに

簡単に言うと
麺つゆは
濃口醤油がベースで
めんつゆ

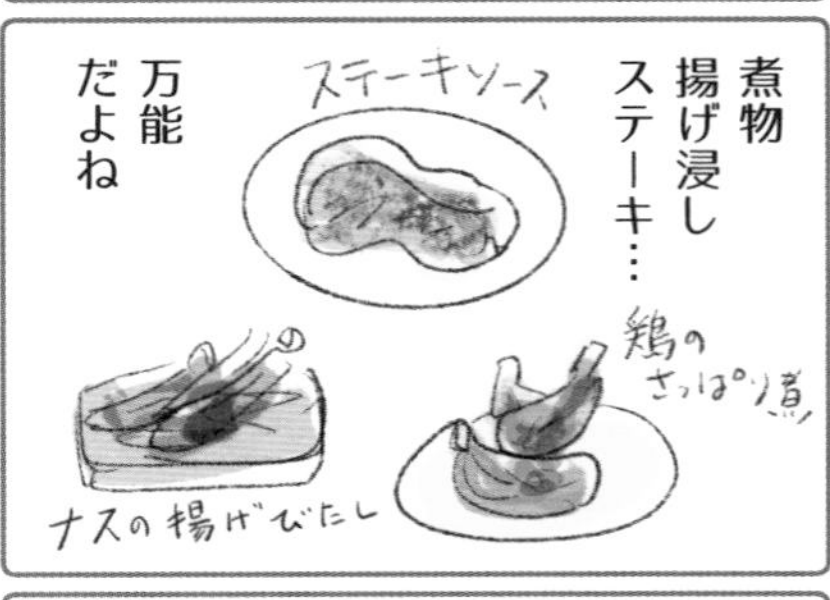
煮物
揚げ浸し
ステーキ…
万能
だよね
ステーキソース
鶏のさっぱり煮
ナスの揚げびたし

白だしは
白醤油がベース
素材の色を生かした
料理向け
キレイ
白だし

最強の
調味料
ヘビー
ユーザー
ぽん酢

あと、
寿司酢って

寿司飯専用？

すし酢

そういうわけじゃない

寿司酢って
色々
使えるよ
メーカーも
名前を
変えて
出してるし

簡単に言えば
甘酢だから

甘酢あん
甘酢漬け
サラダにも

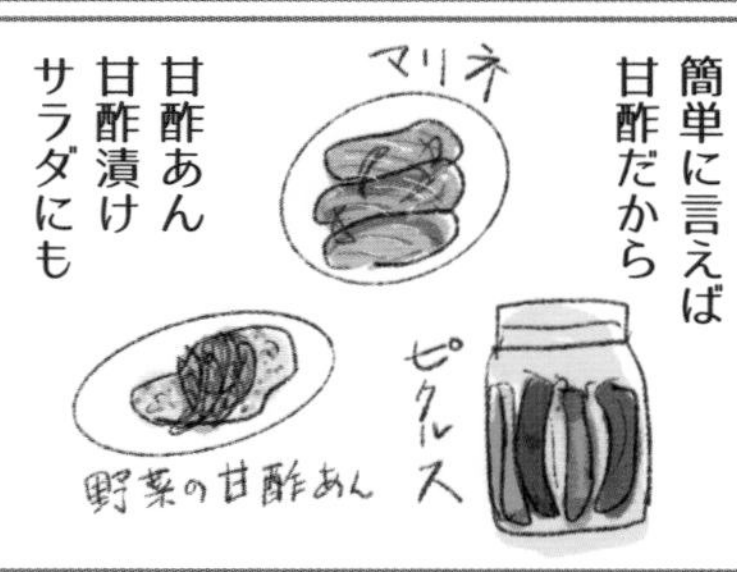
マリネ
ピクルス
野菜の甘酢あん

市販の調味料は
裏の原材料を
チェックすると

味のもとが
わかるよ

果糖
砂糖
醸造酢
レモン果汁
裏側に
注目

レシピを見て

「醤油、みりん、
酒、砂糖」とか
あれば、だいたい
麺つゆで間に合うよ

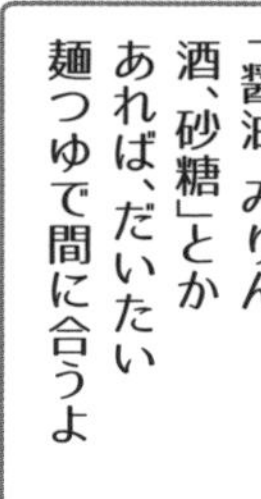
レシピ

味見して

お砂糖や
お醤油を足して
好みの味にして

見た目
香り
味
食感
音…

料理は
五感を
使った

ジュ～
ジュ～

実験みたいなもの

やってみなはれ

味つけは「市販品」に頼っていいんです

そのまま生なら辛く焼くと香ばしい
ニンニクは神アイテム！
おろし生しょうが
おろし生にんにく
チューブ
めんつゆ
私は市販品の助けを借り気楽に料理をすることを誓います！
液体みそ
液みそ
だし入りみそ
一人前は「だし入りみそ」が便利

お蕎麦屋さんが、蕎麦つゆを作っているところを、TVで見たことがあります。大変な手間と時間をかけて作られていることを知りました。改めて「麺つゆ」がありがたく、重宝するアイテムだと感じました。これは「手作り」を否定しているわけではありません。手作りできる人は、楽しく作ればよいのです。できない人、時間がない人は、大いに市販品を利用しましょう。手抜きしたような、罪悪感を抱く必要は全くありません。好きな味を見つけ、真面目に頑張っているメーカーさんを応援するのも「ひとつのこだわり」です。

すし酢
こんぶだし
甘くてすっぱい
ポン酢しょう油
さっぱり醤油味
めんつゆ
3倍濃縮
甘じょっぱい
辛っ
辛味がほしい時ベンリ
和洋中OK
赤唐辛子を粉末にしたもの
チリパウダー
味塩こしょう
ハーブソルト
ひとふりで味が決まる
中華味でおなじみの
鶏がらスープ
コンソメ
顆粒タイプが使いやすい
テイストの違うスープのもとをダブル使いするとコクが出るよ
だしの好みは生れ育った地域によっても変わるんだよね
こんぶだし
いりこだし
うどんスープ
エスニック
カレー粉
S&B カレー粉
ひとふりでカレー味に
ラー油
辣油
オイスターソース
本格中華味になる

1回の買い物で3日分の仕込み

仕込んでおけば包丁いらず

おしえて

私の買い物は

国産鶏もも肉

お肉か魚で「タンパク質」を野菜の中には必ず「緑黄色野菜」を入れる

あと「カルシウム」食品今日の場合はチーズ

今日の買物
鶏もも
卵
青ねぎ
たまねぎ
しいたけ
こまつ菜
きゅうり
トマト
チーズ
計¥1840

気を使っているのはこの3点かな

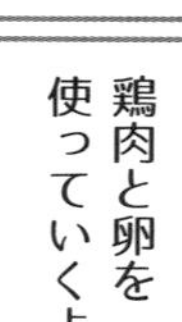

鶏肉と卵を使っていくよ

まずは茹で卵を作る

フライパンに5個入れて水は半分浸かるくらい

お湯が沸くまでの時間を節約

沸いたら7分茹で半熟用に、2個だけ直ぐに水に浸け

残り3個はフライパンでそのまま7分蒸らしてから水に取る

予熱
かたゆで卵に

半熟卵はそっと殻をむき麺つゆと水を同量に割ったつゆに漬ける

麺つゆ
＋水

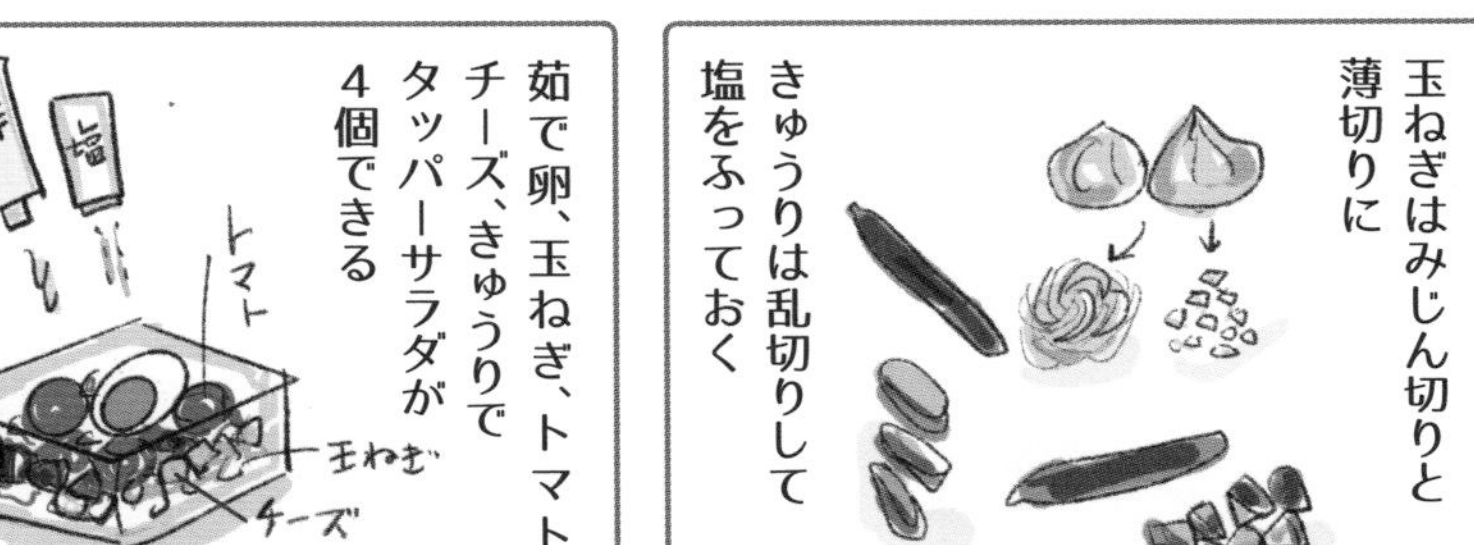
塩
酢
オリーブ油
トマト
きゅうり
玉ねぎ
チーズ

玉ねぎはみじん切りと薄切りに

きゅうりは乱切りして塩をふっておく

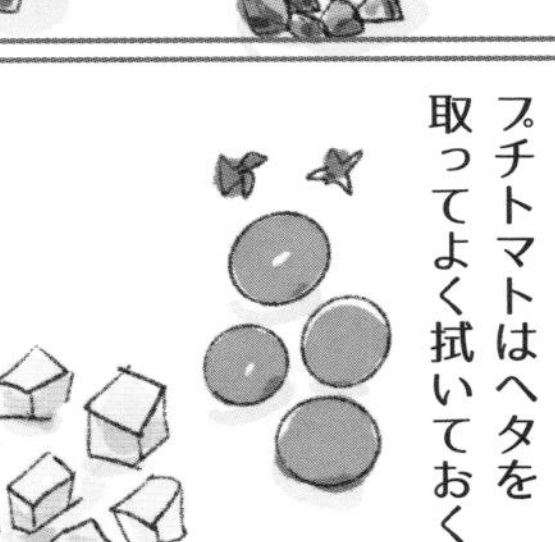

プチトマトはヘタを取ってよく拭いておく

チーズはひとくちサイズにカット

小松菜はさっと茹でて水に取る

小ねぎは小口切りに

皿に置くと一目瞭然で仕込みが楽

プラスチックのパーティー皿

茹で卵、玉ねぎ、トマトチーズ、きゅうりでタッパーサラダが4個できる

ポリ袋で
浅漬け

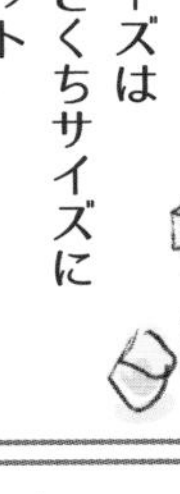
塩こんぶ
乱切り
きゅうり

残りのきゅうり1本は塩昆布と和えて浅漬けにする

牛乳パックをお肉用の使い捨てまな板にして

もも肉をひとくち大に

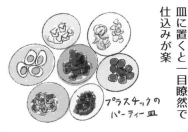

麺つゆ
にんにく
しょうが

切ったもも肉の半分は

ニンニクと生姜麺つゆを入れて下味をつけてポリ袋に唐揚げ用に冷凍

残り半分の鶏肉は
スライスした玉ねぎ
麺つゆ大さじ1と
ポリ袋に入れる

麺つゆ

これは冷凍して
そのまま
親子丼の具にするよ

平らにして
冷凍
おやこ丼

1枚は茹で鶏にしよう
酒、塩、生姜を入れた
お水に入れ10分茹でる

料理酒
しょうが

冷めたら汁ごと
タッパーに入れて
そのまま冷ます

しっとりもも肉

残った汁は
スープになるから
玉ねぎのスライスと
卵・コンソメで
かきたまに

ラストのもも肉は
2/3は今日の晩ごはん
もも肉はポリ袋に入れ
塩コショウ、ニンニクを
入れもみ込んでおく

残り1/3は
炊き込みごはんの具に
する

細かく
切って

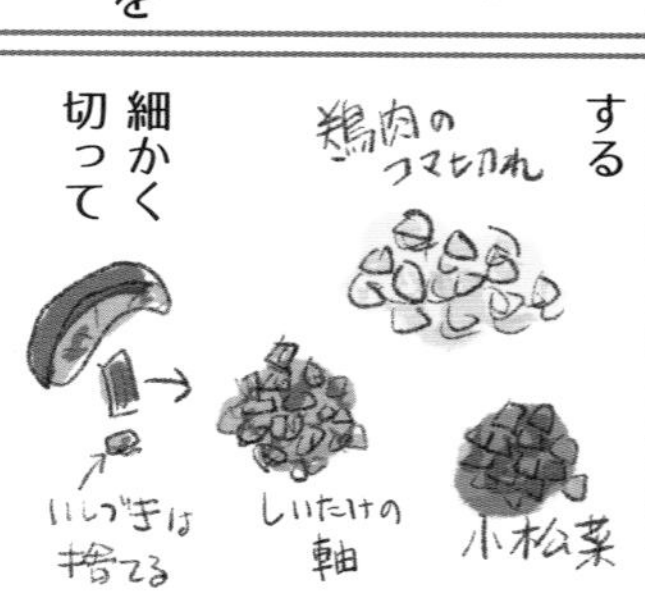
鶏肉のコマ切れ
石づきは捨てる
しいたけの軸
小松菜

石づきを切った
しいたけの軸
小松菜の軸の
みじん切りと
麺つゆを合わせて

大さじ2
麺つゆ

しいたけの軸は
だしが出るんだよ
2合分の
炊き込みごはんのもとに
なるから
このまま冷凍

両面焼けたら
爪楊枝を刺して
透明な汁が出たら
焼けた証拠
最後に強火で香ばしく

マヨネーズ
こしょう
しお

茹で卵1個は
みじん切りの玉ねぎと
マヨネーズ
塩コショウで
タルタルソースに
しておく

皿にのせて
タルタルソースを
かけて完成
もも肉は
脂が適度に
あって
とても
ジューシー

自家製
ドライパセリ

ドライパセリを
入れると彩りもいいよ

小松菜半分としいたけは
フライパンに残った
鶏のうまみの油でソテー

もも肉は
皮を下にして
じわじわと
弱火で焼く

「チキンソテー
タルタルソースかけ」
小松菜
しいたけも
ソテーに
添えて
「卵スープ」も一緒に

2日目の
朝ごはんは
煮卵
のっけ
ごはん

煮卵ごはん
浅漬け

みそ汁

お昼ごはんは
茹で鶏半分で
「よだれ鶏」

スープごと
保存して

ピリ辛タレを作るよ
醤油
寿司酢
ニンニク・生姜
すりごま・ラー油
青ねぎたっぷり

スライスした
もも肉に
かけるだけ

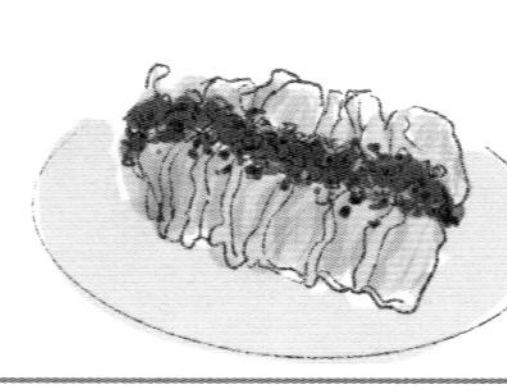

味噌汁とごはん、
タッパーサラダで
ランチです

茹で鶏は
そのままだと
傷みやすいから
今日の夜ごはんに
食べます

茹で鶏は
ひとくち大に切って

スープはとっておく

フライパンで
ごま油を引いて、
小松菜と鶏肉を炒め
かつお節を入れ

かつおぶし

マヨネーズと卵1個をといてフライパンに流し込む

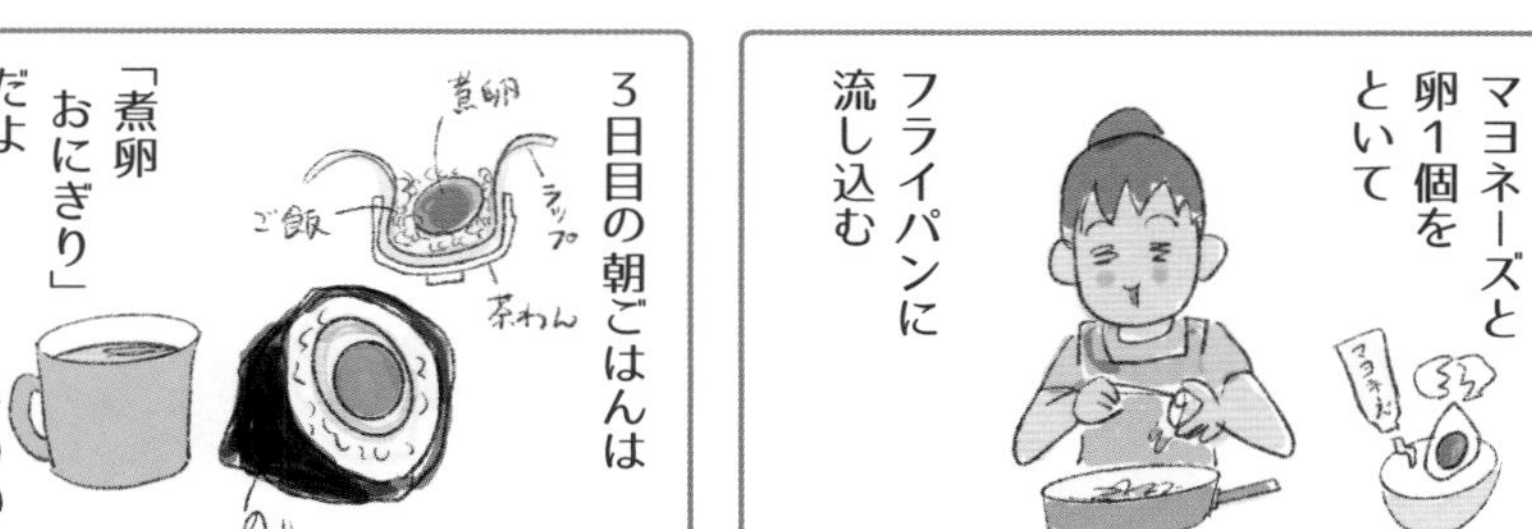
マヨネーズ
煮卵
ラップ
ご飯
茶わん
のり
わかめの味噌汁

塩コショウ・醤油を回しかけて完成

「小松菜と鶏肉の卵炒め」

ごはんと味噌汁で完成

鶏だしの味噌汁に

緑の野菜と鶏肉と卵で体によさそう

3日目の朝ごはんは「煮卵おにぎり」だよ

下味をつけてた冷凍の鶏ももは片栗粉をまぶしフライパンにのせサラダ油をかけ揚げ焼きにする

ポリ袋
サラダ油

「タッパーサラダ」と「唐揚げ定食」のランチ

おいしそう…

わあっ

あと何が
残っているかを
チェック

生卵3個
青ねぎ
タッパーサラダ2個

きざみ青ねぎ

冷凍庫には親子丼と
炊き込みごはんセット

炊き込みごはんを
炊くとき、麺つゆ分
(大さじ2)を
入れるから…

たきこみごはん
おやこ丼

米2合を2合の線まで
水を入れてから
大さじ2杯分減らしてね

具材は
もみほぐし
汁ごと入れてよく混ぜる

炊飯器で炊けば
炊き込みごはんの完成

見た目は地味でも
うまみたっぷりの
炊き込みごはんだよ

しいたけの旨味たっぷりです

「タッパーサラダ」
「炊き込みごはん」の

簡単夕食です

残った
「炊き込みごはん」は
おにぎりにして
冷蔵庫に
入れておく

ラップでつつんでにぎる

3日目の
朝ごはんは

オーブントースターで
こんがり焼いて

焼きおにぎりに
したよ

冷蔵庫の
硬いごはんだと
焼いても
崩れないから
おいしく焼けるよ

おかずとして
ねぎ入りの
卵焼きを
作ったよ

お昼は「親子丼」
冷凍の
「親子丼」
セットに
水と麺つゆを足して

煮えたところに
卵1個を
入れ回し
ごはんにのせる

お手軽
「親子丼」だよ
浅漬とサラダつき

これで全部
食べ切ったかな
卵1個
残ってたね
カップを使って
おやつを作ろう

卵1個、ココアと
砂糖各大さじ2
小麦粉、牛乳大さじ1
ベーキングパウダー
小さじ1／2を
ぐるぐる混ぜて
レンジで80秒くらい

ケーキ
一人前
「フォンダンショコラ風
カップケーキ」

とも姉さすがです
最後の
最後のまで
ムダなく

＼豪華な1皿／

コスパ

チキンソテー タルタルソースかけ 250円

鶏肉　塩コショウ　茹で卵　玉ねぎ
マヨネーズ　小松菜　しいたけ

＼茹で汁を利用／

コスパ

卵スープ 30円

鶏がらスープ　卵　玉ねぎ　コンソメ

＼少しの油でOK／

コスパ

鶏肉の唐揚げ 100円

鶏肉　ニンニク　生姜
麺つゆ　片栗粉　サラダ油

＼マヨネーズがいい味出してる／

コスパ

小松菜と鶏肉の卵炒め 150円

鶏肉　小松菜　かつお節
ごま油　卵　マヨネーズ

＼女子の味方!／

コスパ

タッパーサラダ 50円

茹で卵　玉ねぎ　トマト
チーズ　きゅうり

＼おかずと合体／

コスパ

煮卵のおにぎり 80円

煮卵　ごはん　海苔

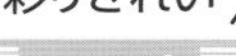

＼彩りきれい／

コスパ

卵焼き 20円

卵　青ねぎ

＼しいたけの香り高い／

コスパ

炊き込みごはん 50円

鶏肉　しいたけのじく　小松菜
麺つゆ　ごはん

＼定番のおいしさ／

コスパ

親子丼 120円

鶏肉　玉ねぎ　麺つゆ　卵　ごはん

＼濃厚でリーズナブル／

コスパ

フォンダンショコラ風
カップケーキ 50円

卵　小麦粉　砂糖　牛乳
ベーキングパウダー　ココア

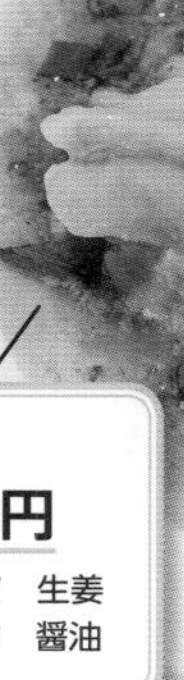

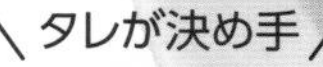

＼タレが決め手／

コスパ

よだれ鶏 150円

茹で鶏　青ねぎ　ニンニク　生姜
すりごま　ラー油　寿司酢　醤油

食材は次ページ参照

買ったもの 使い道は…
鶏もも肉 1枚 200～300g
炊き込み
ゆで鶏
おやこ丼
唐揚げ
チキンステーキ
サラダ
きゅうり
浅漬け
玉ねぎ
サラダ
トマト
親子丼
味噌汁
小松菜
卵炒め
チーズ
サラダに
しいたけ
炊き込みごはん
ソテー
味噌汁
炊き込みごはん
炒めもの
青ねぎ
薬味
たれ、卵焼き
味噌汁
サラダ
タルタルソース
煮卵
水気をしっかり切ってから
小口切りにして保存
親子丼
スープ
卵焼き
カップケーキ
卵炒め
小松菜としいたけ
玉ねぎで
味噌汁の具
冷蔵庫でOK
刻み野菜セットは3日以内なら
いつでも味噌汁セット
いつでも味噌汁

おすすめ便利グッズ

フタでパスタの量が
計れ、時間のめやすも
書いてある
パスタ
レンジ専用
タッパー
レンジで
加熱する時は
フタは外す
湯切りの穴
ごはん
1杯分
蒸し野菜用の
ザルとセットになった
タッパー
重ねられるタッパー
レンジOK
1人前のごはん
1人前のサラダ用
さくらんぼ
ブロッコリー
レタス
ぶどう
蒸し野菜以外でも
フルーツ、カット野菜、
ゆで野菜の冷蔵保管に
使う
頻度
多そう？
収納
できる？
洗い
やすい？
3つのできること
考えて

10分でごはんが炊ける「炊飯容器（1合用）」を発見。これで、1人前のご飯が、すぐ食べられると思い購入した人がいました。使用方法は、洗った米を30分給水させ、電子レンジで10分、蒸らしで10分、所用時間が合計50分かかるという結果に。さらに、『吹きこぼれ』が頻発するので、レンジの掃除が大変ということでした。

ちなみに炊飯器であれば、炊飯時間は約40分。最近の炊飯器は、吸水も蒸らしもプログラミングされており、「早炊きモード」などであれば、約30分で炊けます。米から炊くのであれば、手軽さ、おいしさ、速さで炊飯器が勝利。すぐに食べたいのであれば「パックのご飯」が一番早いですね。便利グッズを選ぶときは、生活の中で使っている場面を想像することが大切です。

「空腹」を味方につけろ

とも姉の1日2食生活

9時、仕事開始
メールチェック
10時半に
朝ごはん兼お昼の
ブランチをつまむ

お昼の休憩時間は
YouTubeの動画で
「ヨガレッスン」

余計なものが
映り込まないように
工夫して立ったまま
リモート会議
ひき続き
終了時間まで仕事

うしろは
カーテン

18時にゆっくり夕食
寝る前にスクワット

キントレ

食べ物が胃から便になって排出されるまで、約15～40時間かかるといわれています。炭水化物や果物は消化が早く、肉や油は、消化に時間がかかります。のべつまくなしに食べている現代人は胃腸が十分に休むことができません。「空腹」の時間を作ることも重要です。

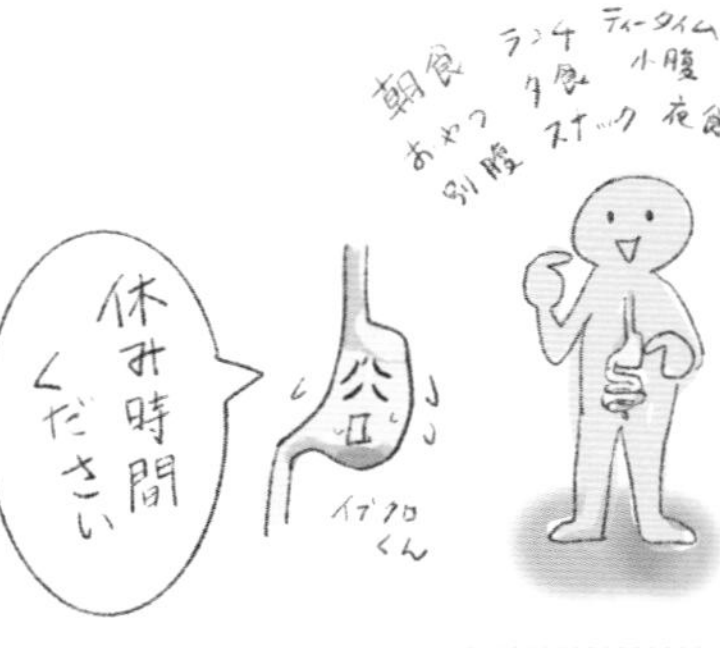
朝食 ランチ ティータイム 小腹
おやつ 夕食 スナック 夜食
別腹
休み時間ください
イブクロくん

若返りホルモンと呼ばれている"サーチュイン遺伝子"を知っていますか。サーチュイン遺伝子は普段は眠っていて、生物の危機的状況、つまり飢餓状態(空腹)になって初めて活性化します。サーチュイン遺伝子は、さまざまな老化要因を抑えてくれます。

危機管理
レスキュー遺伝子
元気になって えものを獲れ
若返って 子孫を残せ
サーチュイン

② ヘルシーに！おうちごはん

S&B
カレー粉
コショー
粉チーズ
ハーブミックス
味塩こしょう
うどん

巣ごもりダイエット大作戦

レーズンサンドクッキー
1枚81cal

巣ごもり太りしたけどカロリーの少ないメニューない？
Face Time
ヤバイ

あるよ！その気持ちわかる
私もダイエット遍歴あるから

バナナダイエット
アサイーボール
プロテイン
ココナッツオイルとか
数々の挫折を経て

スーパーモデル

最高のダイエット食材は
目の前にあったんだよ

何？
アメリカ？
最新式？

それは
こんにゃく！
こんにゃく

えー今さら？

そう思うでしょう
ひなちゃん
最近
こんにゃく食べた？
でも
こんにゃくの
レシピって
おでんしか
思い浮かばない
そういえば
食べてないかな
まかせなさい！
こんにゃくは
超低カロリー
どこでも売っていて
保存性ばつぐん
何より安い！
2コ
¥100
こんにゃくで
ラーメンを作ろう
ラーメン
「こんにゃく」って
大昔から
食べられている食材
つまり
日本人の体に合って
いるってこと
糸こんにゃくは
さっと湯がいて
アク抜きをする

舞茸、玉ねぎ
にんじんは
細かく切る

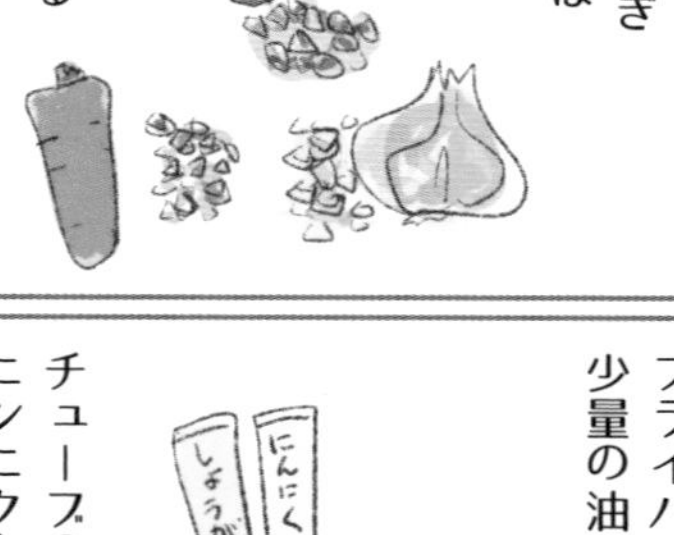

フライパンに
少量の油
チューブの生姜と
ニンニクを入れ

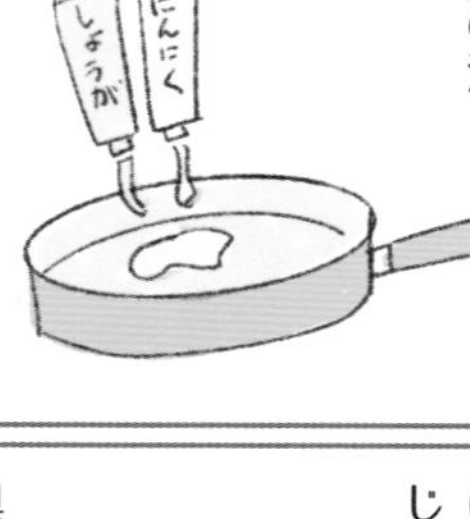
にんにく
しょうが

舞茸、玉ねぎ
にんじんを
じっくり炒める
具材は
スープのだしだと
思って、じっくりとね

水を入れ
鶏がらスープで味つけ
絹豆腐は
大きめのまま入れる

ガラスープ

沸騰したら
アク抜きした
糸こんにゃくを
入れる

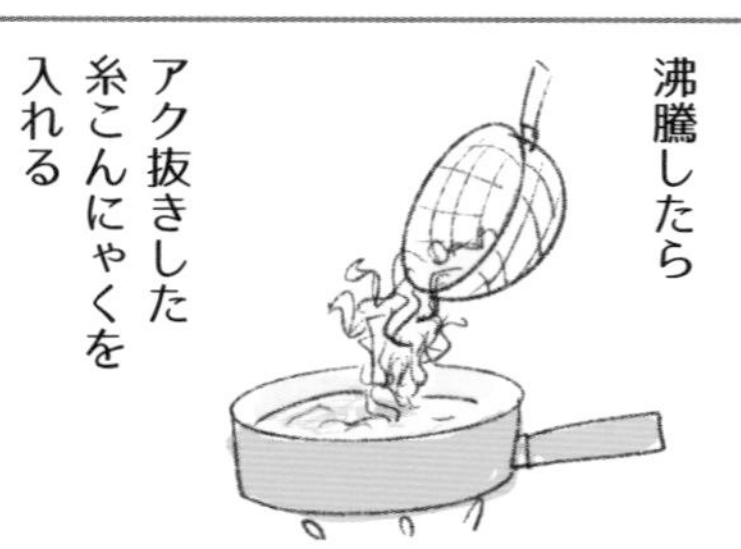
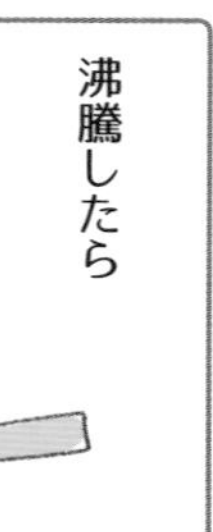
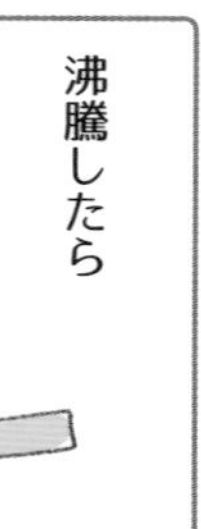

あとは味を見て
お醤油を足して
私は
一味を入れて少し
ピリ辛にするかな

青ねぎを散らして
「こんにゃくと
豆腐のラーメン」

ラーメンだ

食感はほぼラーメンで
糖質ゼロ
カロリーは
豚骨
ラーメンの
1／7

70 cal

とんこつラーメン
500 cal

パスタソースを使って
スパゲティにしても
いいよ
ゆでた
こんにゃくの
お湯を
しっかり切る

さっと茹でた
糸こんにゃくを
フライパンで
空炒りする

こんにゃくの
97％は水分だから
しっかり
空炒りすることで
しっかりした
味つけができるよ

空炒りした
糸こんにゃくに
火を止めて
から
市販のたらこ
ソースを和える
たらこ
ソース

付属の海苔を
トッピングして
たらこ
スパゲティ
「こんにゃく
スパゲティ」
完成！
95cal

いつものパスタだと
523カロリーだから
スパゲティだけで
100g 441cal
1/5以下だよ

スゴイ
=

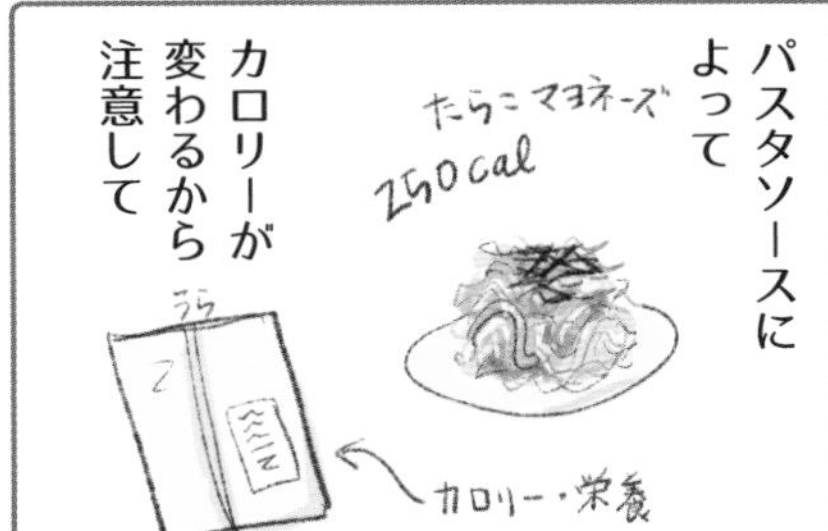
パスタソースに
よって
たらこマヨネーズ
250cal
カロリーが
変わるから
注意して
うら
カロリー・栄養

こんにゃくのきんぴら
常備菜も作ろう

低カロリーの常備菜

お弁当の定番

アク抜きした糸こんにゃくと細切りのにんじんを炒め

一味唐辛子って言うけど

使っているのは「チリペッパー」赤唐辛子の粉末だから和洋中、エスニック全部兼用だよ

チリペッパー

赤唐辛子の粉末

麺つゆと一味唐辛子で味つけ
一味
めんつゆ

とも姉

ピリ辛好きだね

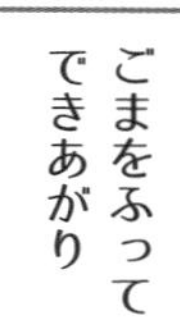

水気がなくなるまで炒めたら
ごまをふってできあがり

こんにゃく料理はなんとなく

パンチを効かせたくなるんだよね

ピリ辛パンチ

＼食感はラーメン!?／

コスパ

こんにゃくラーメン 180円

糸こんにゃく　絹豆腐　舞茸　玉ねぎ
にんじん　ニンニク 生姜　鶏がらスープ

＼ほっとする味／

コスパ

こんにゃくきんぴら 50円

糸こんにゃく　にんじん　麺つゆ　ごま

＼おつまみにもなる!／

コスパ

明太こんにゃく 150円

糸こんにゃく　パスタソース　海苔

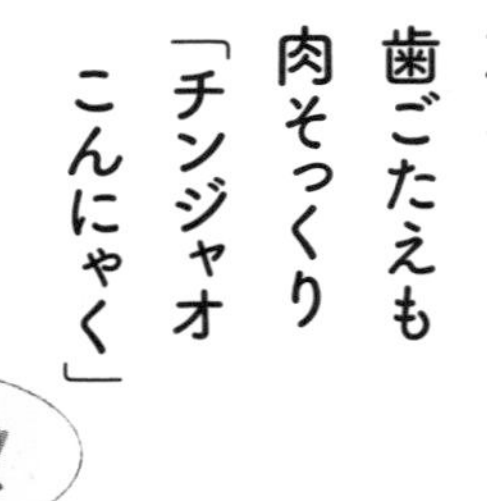

凍みこんにゃくで歯ごたえも肉そっくり「チンジャオこんにゃく」

こんにゃくは冷凍保存できないんだけど

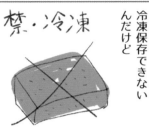

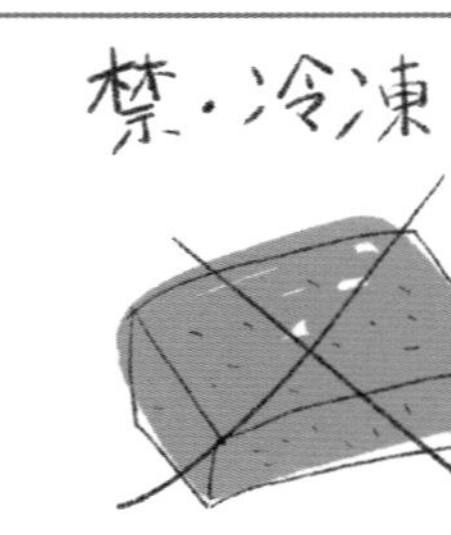
禁・冷凍

あえて冷凍したこんにゃくで作る凍みこんにゃく料理もあるよ

流水解凍

スポンジ状になったこんにゃくを切って茹でる

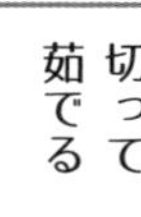
しわしわ

2分ゆがく

麺つゆで味をつけて片栗粉をまぶす

さめたら しぼる

麺つゆ

ポリ袋で

かたくり粉

かたくり粉をまぶす

油で炒めるとくっつきやすいからそうっとね

ピーマンを足してオイスターソースで味をつける

オイスターソース

チンジャオロースならぬ「チンジャオこんにゃく」

35cal
食感は肉だ!!
ふしぎだ

＼誰もがダマされちゃう／

コスパ

チンジャオこんにゃく 120円

こんにゃく　ピーマン　麺つゆ
片栗粉　オイスターソース

「こんにゃくは体の砂払い」という、ことわざがあります。こんにゃくは、体の中に溜まった砂（悪いもの）を排泄してきれいにしてくれるという意味です。今で言う「デトックス」ですよね。体にいいという

うことで、諸国の大名がこぞって、こんにゃく芋を栽培したそうです。滋賀県の名物の「近江の赤こんにゃく」は派手好きの信長が、こんにゃくを赤く染めて、名物にしたという伝説もあります。

こんにゃくを
赤くそめよ
赤こんにゃく

凍みこんにゃくで唐揚げ

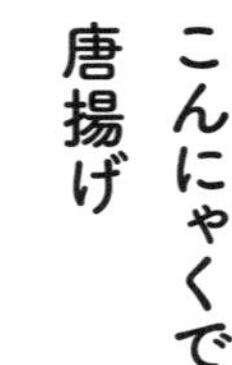

ちぎったこんにゃく

スプーンで切る

一晩凍らせる

カチン
コチン

解凍したら絞って

麺つゆ ニンニク 生姜で味をつける

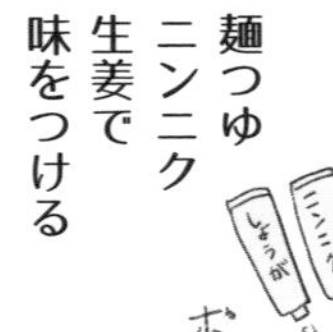
麺つゆ
ニンニク
しょうが
ポリ袋で

片栗粉をまぶして

多めの油で炒める

かたくり粉

激せまキッチンでは揚げ物をしないから

揚げ焼き

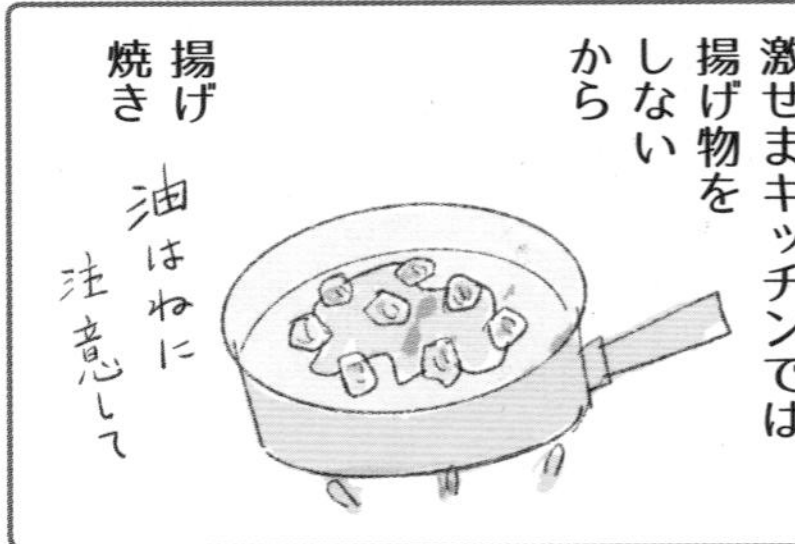
油はねに注意して

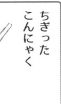

油の処理も簡単だし

唐揚げになるよ

キッチンペーパーでふきとる

見た目

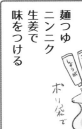

鶏の唐揚げだ！

カロリー
1/3

＼罪悪感なし／

コスパ

こんにゃくの唐揚げ 80円

こんにゃく　麺つゆ　片栗粉　ニンニク　生姜

カレー粉をふると
カレー風味に！

食感は
軟骨みたい
ナンコツ

糸こんにゃくで焼きそば

糸こんにゃくは
フライパンに入れ
茹でこぼして
アク抜き

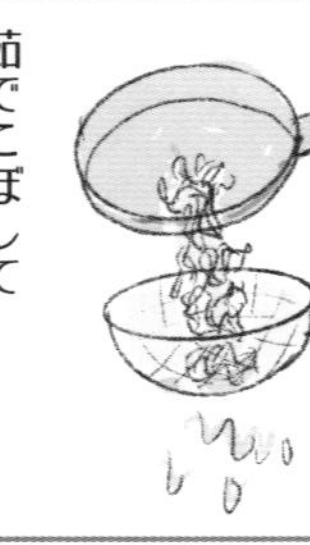

そのまま
フライパンで
から炒りする

チリチリ

具材の野菜は
油で炒めず
レンジで
加熱調理

ムン
玉ねぎ
ピーマン
にんじん
ラップして

こんにゃくが
チリチリになる寸前で
野菜を投入

お好きなソースを
好きなだけ
かけて味つけ

お好みソース

味見をして
塩コショウをふり
青海苔、かつお節
紅生姜を添えて

かつおぶし
青のり

肉も油も使ってない
「ダイエット焼きそば」

ホ〜

＼カロリー1／3／

コスパ

こんにゃく焼きそば 150円

糸こんにゃく　にんじん　玉ねぎ　ピーマン
ソース　かつお節　青海苔　紅生姜

糸こんにゃくは
「しらたき」って
呼ばれる細いものを
使ってね

ぐんまの
しらたき
20.4.11

こんにゃくって
賞味期限が
長いので便利

糸こんにゃくで冷麺もどき

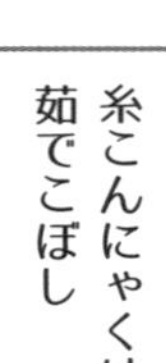

糸こんにゃくは
茹でこぼし

冷水で
冷やして

タレを作る

麺つゆ
すし酢
ごま油
とりガラ
ごま

きゅうり
茹で卵
わかめ
キムチなどの

具材をのせる

タレをかけて
いただく

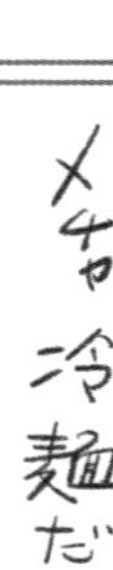
メチャ冷麺だ

冷麺とこんにゃくは
原料は違うけど

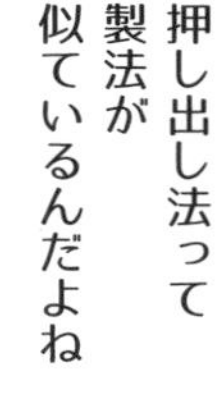

押し出し法って
製法が
似ているんだよね

しらたき

＼さっぱりヘルシー／

コスパ

こんにゃく冷麺 150円

糸こんにゃく　きゅうり　茹で卵
キムチ　ワカメ　白ごま
タレ／水250cc　鶏がらスープ大さじ1/2
ごま油大さじ1/2　麺つゆ（3倍濃縮）大さじ2
寿司酢大さじ1

くだものを入れてもイイネ
キムチを入れるだけでなんか本格的

鶏むね肉のハムでタンパク質を摂ろう

むね肉

プロテインは
牛乳や大豆から
タンパク質だけを
取り出したものだよね
ただし
勘違いしないで
ほしいのは

ミルク
大豆

筋肉を
作るには
タンパク質を
摂らなければ…

プロテインを
飲むと
筋肉ムキムキに
なるんじゃないからね

≠ プロテイン

筋肉には
プロテイン
か…

ボディメイク

筋肉トレーニングを
して
プロテインを飲むと
効果があるってこと

ゴクゴク

とも姉
プロテイン
って
いいのかな？

LINE♪

アスリートでなくても
タンパク質は大事

髪や
爪も
タンパク質

アスリート御用達の
鶏むね肉を使った

「鶏むねハム」を作ってみよう
鶏むね肉を2枚買って

やすっ
100グラム60円

鶏むね肉2枚
はちみつ小さじ1を
袋に入れなじませる

はちみつ
もみもみ

その後
お塩小さじ1を
なじませる

しお
もみもみ

ポリ袋に入れ
そのまま
3時間以上寝かす

zzzz

鶏むね肉の
余分な水分を
ペーパータオルで取り

ラップで包む

くるくる巻く

さらにラップで
きっちり包む

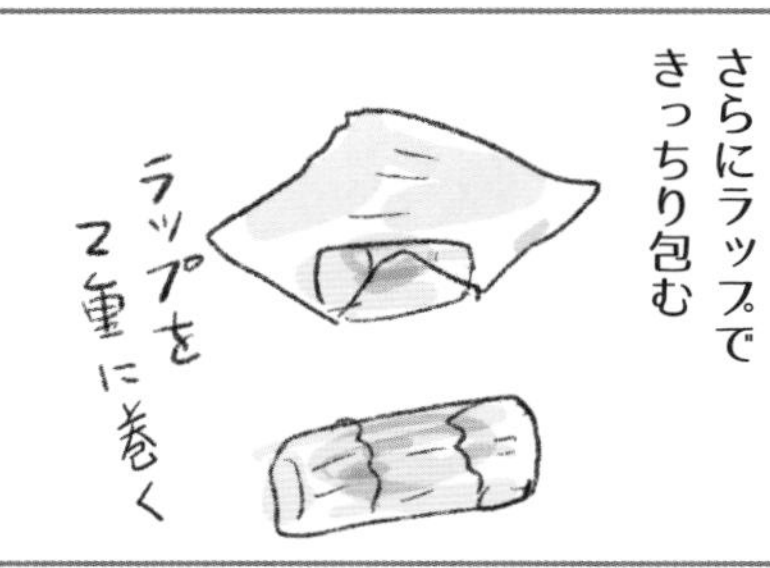
ラップを2重に巻く

包んだ肉は
ジッパーつきの袋に入れ
空気をぬく

袋に入れた肉は
炊飯器に入れ

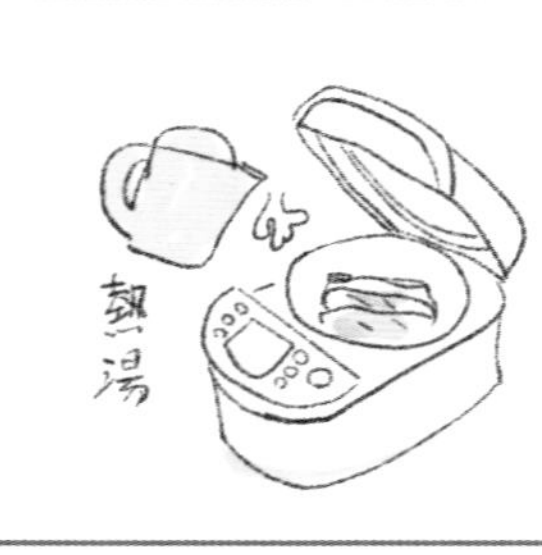
熱湯

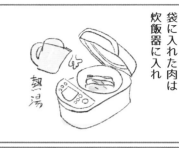

炊飯器で煮るの？

違うよ
保温機能を使うの

炊いちゃダメだよ

お湯を入れたら
浮いてこないよう
お皿を沈め

90分間、保温する

お湯で調理

沸かしたお湯の余熱
調理って方法も
あるけど

肉と鍋の大きさが
合ってないと
中まで火が通らない
恐れがあるからね

すぐさめる

炊飯器の
保温機能が

丁度
よいんだよ

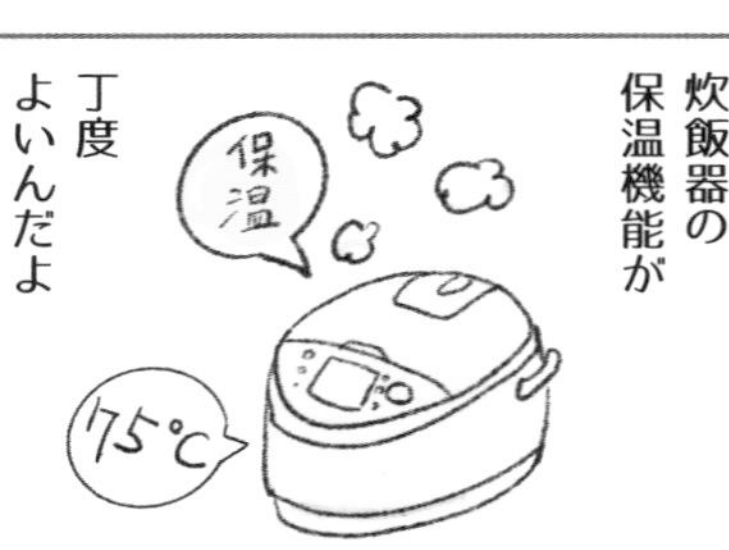
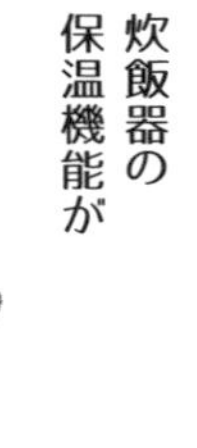
保温
75℃

90分・保温調理したら
引き上げて
そのまま冷ます

冷めたら
冷蔵庫で一晩寝かす

寝かせることで
形を保ってくれる

zzzzz

しっとり
柔らかな
「鶏ハム」の
完成！

ハムになってる

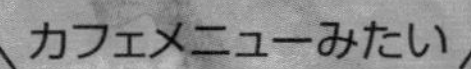

＼カフェメニューみたい／

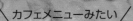

コスパ

鶏ハムのサンドイッチ 180円

パン　鶏ハム　トマト　レタス　辛子マヨネーズ

＼相性バツグン／

コスパ

鶏ハムの冷やし中華 150円

冷やし中華　鶏ハム　きゅうり　トマト

＼ゴロゴロサイズがうれしい／

コスパ

鶏ハムのサラダ 100円

鶏ハム　ブロッコリー　卵
辛子マヨネーズ

鶏ハムは
再加熱すると
固くなるので
チャーハンの具や
熱いスープに
入れる時は
最後に加えてね
ラーメンにも

身近なのに知らない豆腐の秘密

木綿豆腐って
木綿の生地の
模様があるのは
そのため？
木綿の生地もよう？

お豆腐、安っ
特売
¥150

そう思ってたけど…
イメージですが
確かにね…

ところで
木綿豆腐と
絹豆腐って
木綿
絹

簡単に言うと
大豆
豆乳
豆腐
豆乳を
そのまま固めて
作ったのが
絹ごし

作るときに
絹の布を使うか
木綿の布を使うかの
違い？
布でこす？

固めたものをくずして
から圧力をかけて
水分を絞り、
再び固めたものが
木綿豆腐

ここの模様は
木綿豆腐を流し込む
型に敷いてある

ふきん

布巾の布目が
そのままついたから
なんだよ

木綿豆腐は

炒めものOK

ゴーヤチャンプルー

食感と舌触り、
濃厚な味わいが特徴

栄養分が
圧縮されている分

ぎゅっと

タンパク質、カルシウム、
鉄分が、絹ごしに
比べると3割多いよ

値段も同じだし
お得だね

絹豆腐も
いいとこあるんだよね

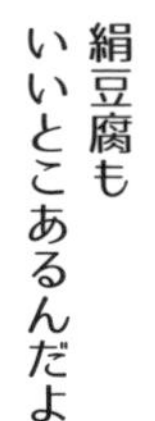
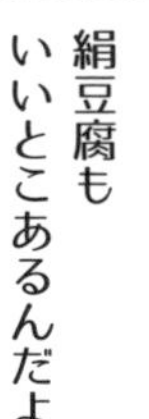
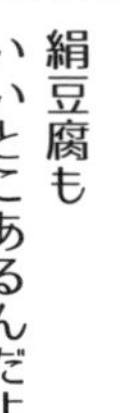
ソフト

滑らかな食感で

絞らない分
水溶性の栄養が

ビタミンB群
カリウム

木綿より多いの

充填(じゅうてん)豆腐は
パックに充填して
パックごと加熱

大量生産して
賞味期限も長い

おなじみの
お豆腐です

これ
便利

豆腐って
栄養があるのに
低カロリー

ダイエットによいのは
わかっているん
だけどね…

食べ切ることがなかなか
できなくて
くさってる
ムダにすることも

ダイエット向けの
お豆腐のレシピも
考えよう

例えば
レトルト
カレー
カレー
1人前
167
cal

ご飯の上にかけると
計442 cal
普通もり(150g)

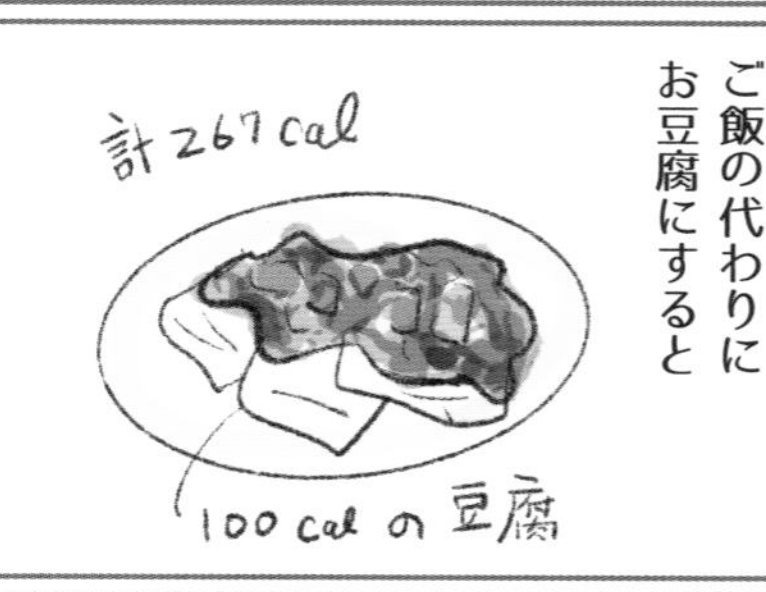
ご飯の代わりに
お豆腐にすると
計267 cal
100 cal の豆腐

けっこう違うね

木綿豆腐でカサ増しした「豆腐のハンバーグ」を作ろう

玉ねぎはみじん切り

1/4コ

炒める代わりにレンジで加熱

ブーン

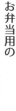

合びき肉200gは粘り気が出るまでよくこねてから

塩
こしょう
P
S

木綿豆腐は3パックセットのひとつを使う

1コ150g

玉ねぎを入れ つなぎに卵を入れる パン粉は入れない

ハンバーグとお弁当用のミートボールを作る

ハンバーグは中央を凹ませて焼くと、熱で膨らむから

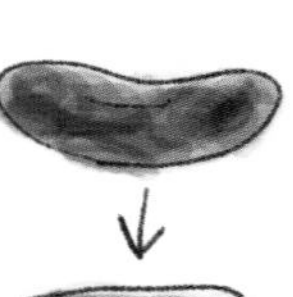
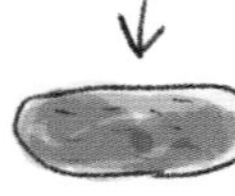

大きいハンバーグは
夕飯にして
ミートボールは
お弁当にね
一石二鳥

ケチャップと
トンカツソースを
入れて
ソースに
ソース
ケチャップ

おいしそう！
30% カロリーオフ
ちゃんとハンバーグ

「タッパーサラダ」と
味噌汁を添えれば
完璧だね

ソースも
ポン酢にすれば
さらにカロリーカット
おすすめのおろしポン酢
おろしポン酢

ミートボールは
またの名を
肉だんご

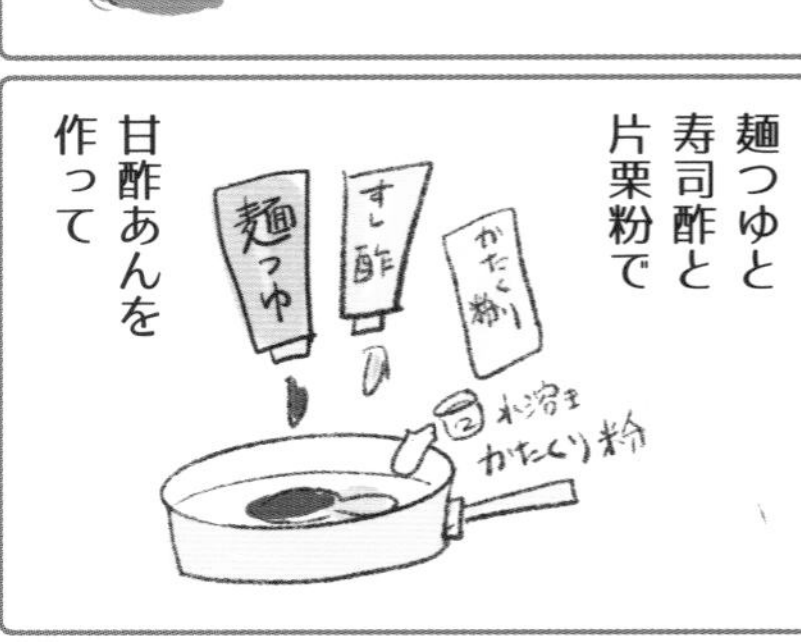
麺つゆと
寿司酢と
片栗粉で
甘酢あんを
作って
麺つゆ
すし酢
かたくり粉
② 水溶き かたくり粉

お弁当にどうぞ

＼こっそりカロリーオフ／

コスパ

豆腐のハンバーグ 150円

合びき肉　木綿豆腐　玉ねぎ　卵
塩コショウ　レタス　プチトマト

肉だんごは
使い勝手がいいから
冷凍しておくのもいいよ
ミートボール スパゲティ

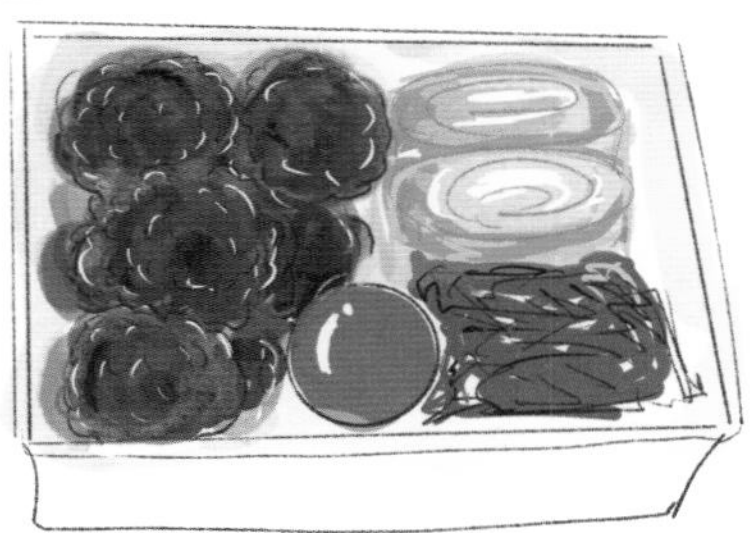

＼お弁当にぴったり／

コスパ

ミートボールの甘酢あん弁当 120円

合びき肉　木綿豆腐　玉ねぎ　卵　塩コショウ
麺つゆ　寿司酢　片栗粉　卵焼き
ほうれん草のソテー　プチトマト

切るだけでできる豆腐のサラダ

お豆腐は
煮ても焼いても
うまい

そして生でも

冷や奴とは違う

豆腐のサラダ

なめらか
絹どうふ

トマトをひとくち大
水菜も食べやすい
長さに

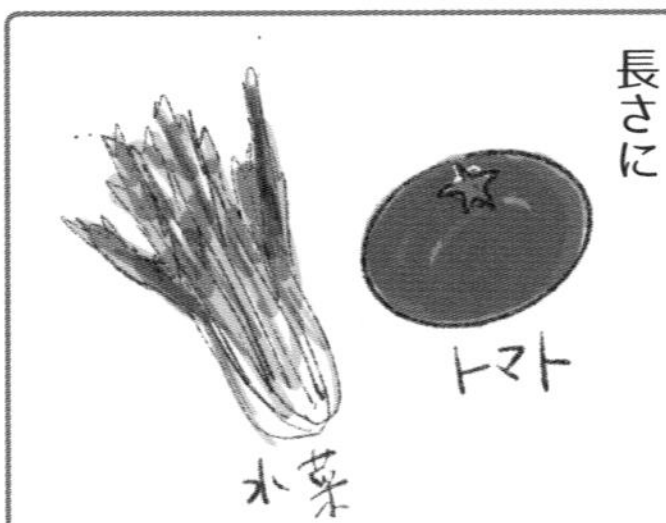
トマト
水菜

じゃこに
油を垂らして

電子レンジで
加熱すると

600W 2分
くらい
ラップなしで

カリカリの
じゃこに

切った野菜と
豆腐を
盛りつけ

トマト
水菜

じゃこを
トッピング

ポン酢とごま油を
混ぜた
中華風ドレッシングで
いただきます

混ぜるだけで
中華味

＼ 食感が色々 ／

コスパ

豆腐のサラダ 150円

絹豆腐　トマト　水菜　ちりめんじゃこ
ポン酢　ごま油

カリカリ
じゅ
ジューシートマト
パリパリ水菜
やわらか豆腐
食材のオーケストラだ

お豆腐って
おいしい

豆腐は、奈良時代には日本に伝わっていましたが、一般庶民の食卓に登場し始めたのは江戸時代。『豆腐百珍』という豆腐専門のレシピ本が刊行されて人気に火がつき、「豆腐」は一大ブームになり、全国へと普及していきました。

豆腐で作る糖質オフチャーハン

えっ
糖質オフ？

ごはん代わりにお豆腐を使うチャーハン

木綿豆腐はフライパンに入れ崩しながらしっかり乾煎りする

乾煎りしたお豆腐はお皿にあける

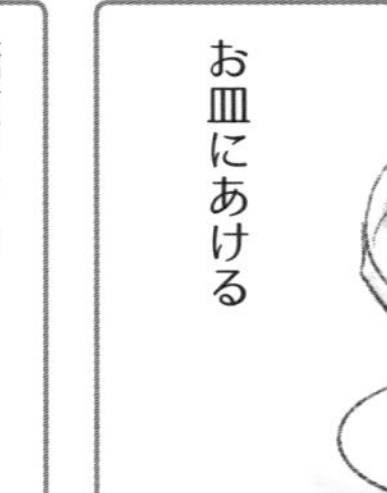

フライパンにハム、玉ねぎ、ピーマン、にんじんの具材を炒める

火が通ったら卵を入れて炒り卵にしてさっきの炒り豆腐を投入する

とうふ
たまご

さっくり混ぜたら鶏がらスープで味つけ塩コショウで味を整える

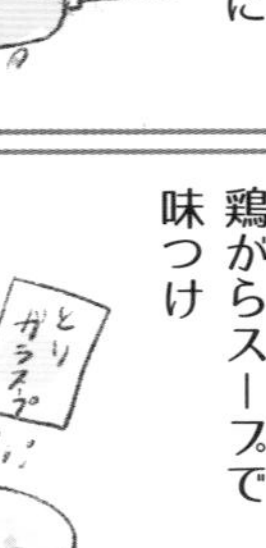
P
S
とりガラスープ

糖質オフのチャーハンだよ

＼ボリュームたっぷり／

コスパ

豆腐チャーハン 200円

木綿豆腐　ハム　ピーマン　玉ねぎ　にんじん
卵　鶏がらスープ　塩コショウ

精進料理だけで
健康に長生き

おでんでおなじみの「がんもどき」はもともと、精進料理として作られたものでした。漢字で書くと「雁もどき」。「雁」は水鳥の雁（がん・かり）のこと。肉や魚を食べない僧侶たちの、創意工夫から生まれた一品ですね。日本人は肉に見立てて豆腐を代用する文化があります。たんぱくな味の豆腐は、色々な見立て料理には欠かせない食材です。

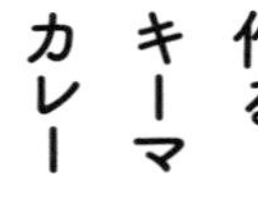

豆腐で作るキーマカレー

おいしいカレー

お豆腐を
肉に見立てて
カレーに

たんぱく質
多いし
肉
木綿豆腐

生姜とニンニク、
玉ねぎ、にんじんを
じっくりと
炒め

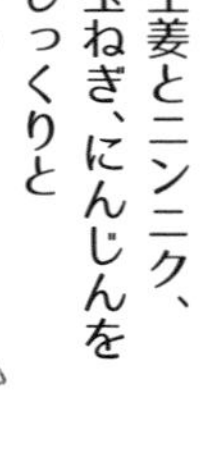

しょうが
にんにく

カレーを作る
つもりでね

いい
香り

そこに
崩した
木綿豆腐を入れ
炒める

水をひたひた
くらいに入れ
カレールーを
入れる

カレールー

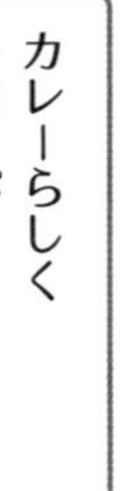

カレーらしく
トロミが
出たら
火を止める

味見して

ごはんに見立てた
炒り豆腐に
かければ
糖質ほぼゼロの
カレーに変身

豆腐ごはん

＼ まるでお肉?! ／

コスパ

豆腐キーマ風カレー 250円

木綿豆腐　玉ねぎ　にんじん　生姜
ニンニク　カレールー　目玉焼き

くずした豆腐を
パラパラになるまで加熱

ザルで
水気を切って

豆腐は木綿を使ってね
豆腐ごはん

サラダはハーモニー

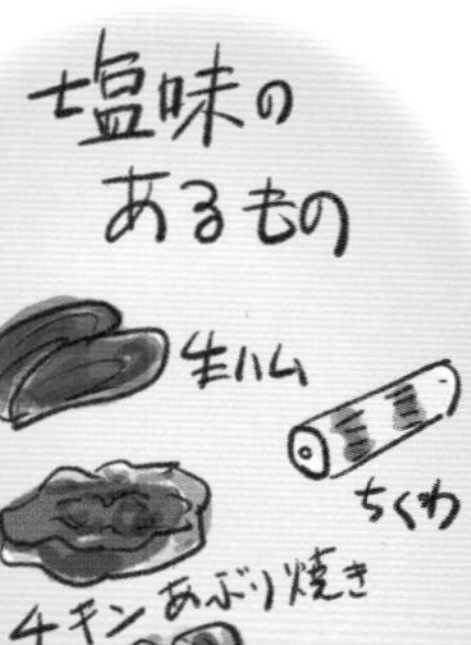
塩味のあるもの
生ハム
ちくわ
チキンあぶり焼き
唐揚げ

仕上げはドレッシング♪
カリカリするもの
クルトン
カリカリベーコン
フライドオニオン
ナッツ

ホクホクするもの
じゃがいも
豆
コーン
たまご

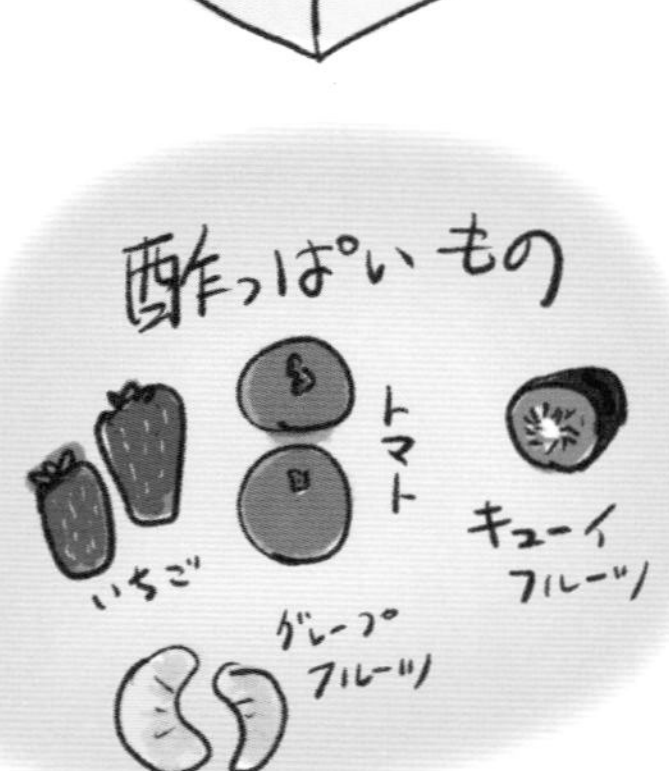
酢っぱいもの
いちご
トマト
キューイフルーツ
グレープフルーツ

コクのあるもの

チーズ　ツナ　アボガド

葉っぱ・他
レタス
水菜
きゅうり

苦み、辛いもの

玉ねぎ

ピーマン

甘いもの
りんご
レーズン
パイン
バナナ

サラダを検索すると、「サラダとは、野菜などの具材に塩、酢、油、香辛料などの調味料をふりかけるか、和えて盛りつけた料理」と出てきます。世界中のサラダのドレッシング、マヨネーズ、ソースはほぼ基本「塩、酢、油」のアレンジです。素材がよければ、いい加減な分量でも結構イケます。サラダは、レストランで食べると高価ですが、自分で作れば激安。例えば、ちぎったキャベツとポテトチップスをマヨネーズで和えるだけで、おいしい「キャベツのサラダ」になります。サラダは食材を混ぜるだけで、「新発見のある料理」です。気軽に試してみてはいかがでしょうか。

油もいろいろ

オリーブオイル

ごま油
ごま油

サラダ油

おしゃれなサラダはもともと残り物のまかないだった

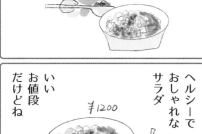

カフェって
言えばさ

あの店の
チョップドサラダ
食べたいな～

目の前で
切ってくれる

山盛りの
サラダを

スプーンで
食べる
大量

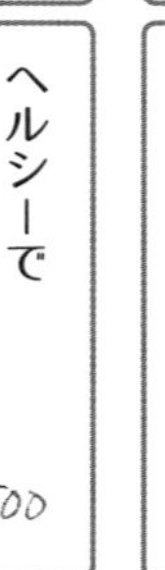
ヘルシーで
おしゃれな
サラダ
いい
お値段
だけどね
¥1200
¥500

サラダって
ヘルシーで
おいしいよね
食べたいね～
そういえば

「コブサラダ」って
知ってる?

知ってる
アメリカから
来たサラダだよね

「コブサラダ」って、
コブさんが

お腹がすいて

はらへった〜

冷蔵庫に
あったもので

適当に作ったサラダが
始まりなんだよ

コブさんって誰?

有名人?

ハリウッドにある
レストランの
オーナー

ロバート・H・コブ

レストラン・コブ

想像図

コブさんが作った
「コブサラダ」って

そのままじゃん

だから、「コブサラダ」に
使われる具材に
正確な定義はないの

まかないから
看板メニューに

初期のタイプの
ビネグレットソースも
シンプルなフレンチ
ドレッシングの
ことだし

塩・コショウ
油・酢

レッツ
コブサラダ
七面鳥の
代わりだったら
鶏むね肉が
いいね
むね肉は
安くて
高タンパク
低カロリー
100g＝60円

レンジで
チンで
調理できるよ
むね肉は
塩をなじませ
フォークで
刺して

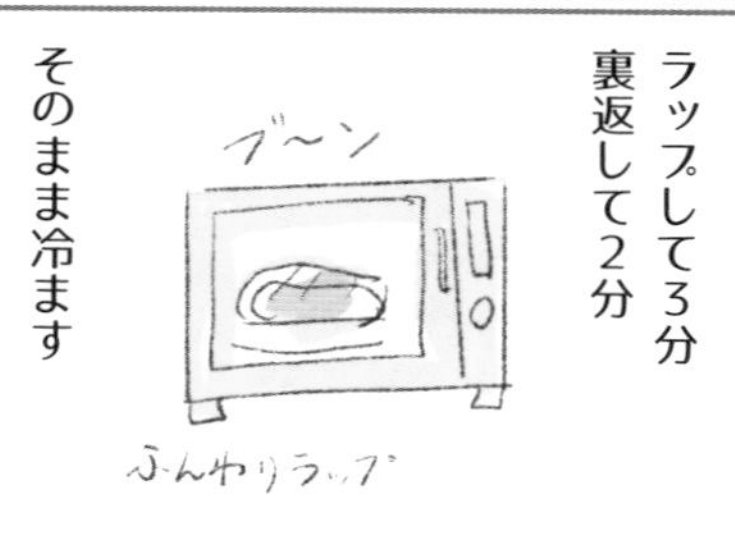
ラップして3分
裏返して2分
そのまま冷ます
ブ〜ン
ふんわりラップ

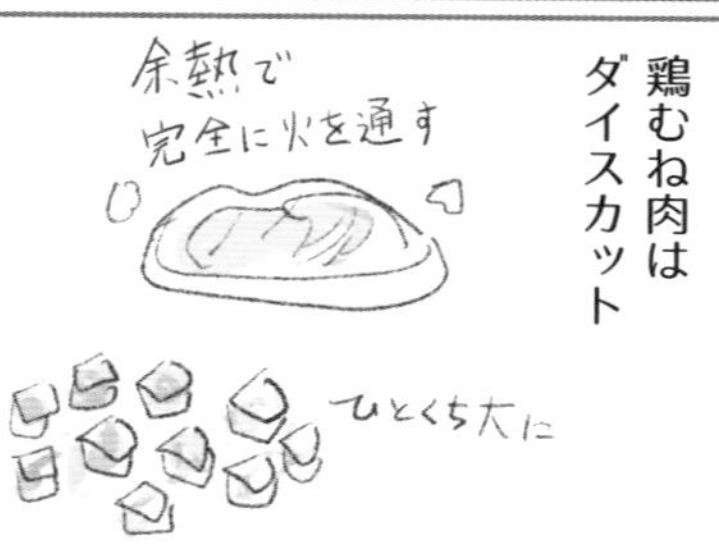
鶏むね肉は
ダイスカット
余熱で
完全に火を通す
ひとくち大に

ベーコンやハムを
入れるなら大きさを
合わせて
フライパンで
焼きつけておく

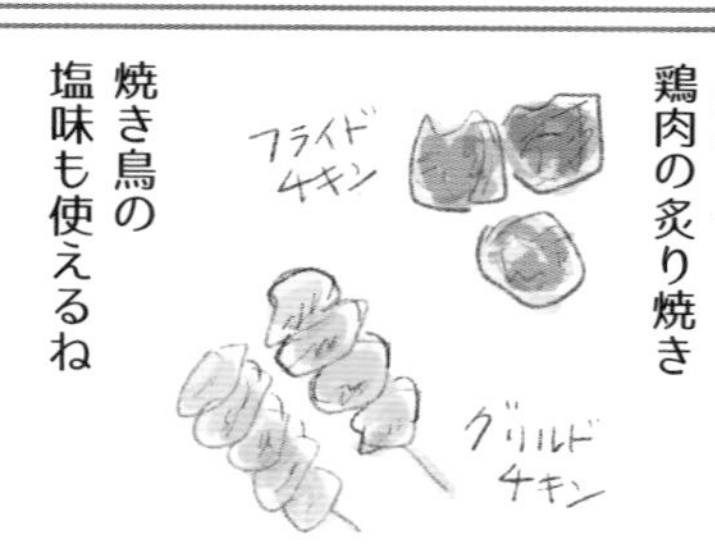
唐揚げや
鶏肉の炙り焼き
焼き鳥の
塩味も使えるね
フライドチキン
グリルドチキン

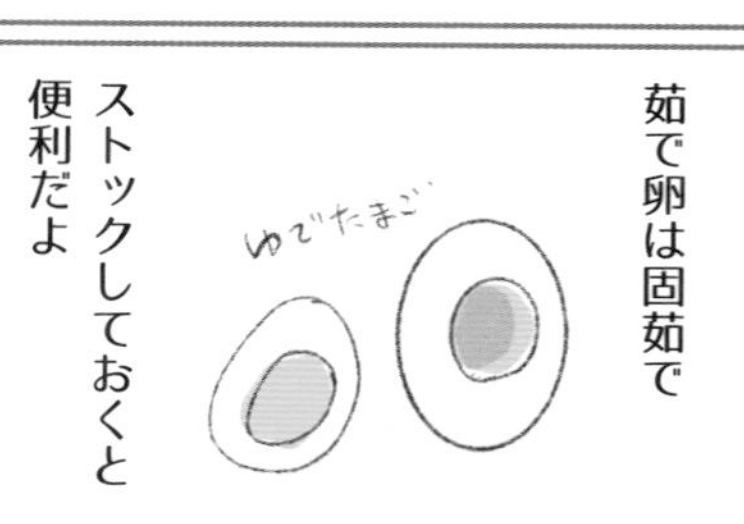
茹で卵は固茹で
ストックしておくと
便利だよ
ゆでたまご

豆もいいね
市販の
サラダ豆
サラダ豆
蒸し大豆

茹でた冷凍えびで
ツナ缶や

アボカドを入れると
本格的になるよ

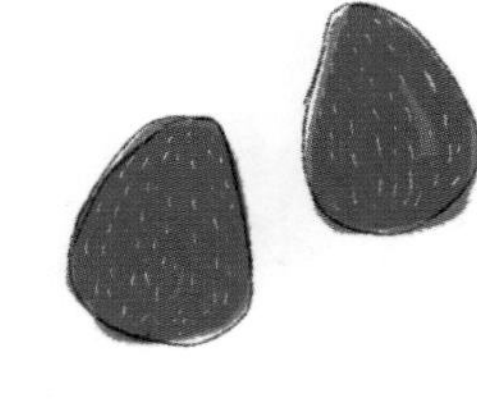

アボカドは
切ったら
レモン汁をかけて
おかないと
色が
変わるからね

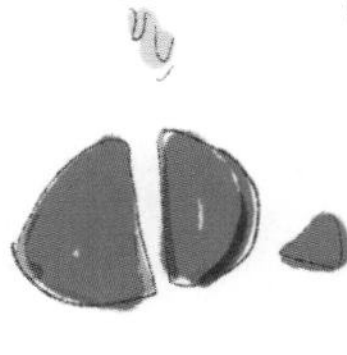
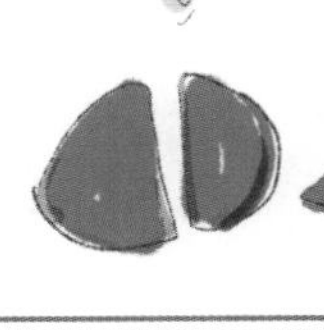

あとチーズ、ナッツ

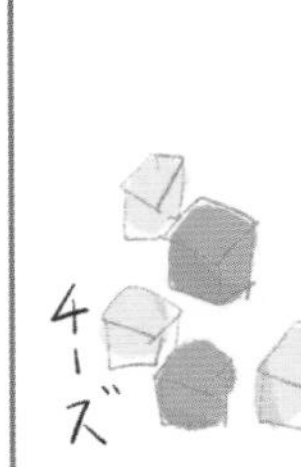

くるみ
チーズ

材料多いね

アメリカの食堂の
冷蔵庫ですから

玉ねぎは
色合いもよくて
辛みが少ない
レッドオニオンが
おすすめ

むらさき玉ねぎ

もちろん普通の
玉ねぎでもいいよ

新たまねぎ

新玉ねぎなら
辛みが少なくて
サラダ向け

きゅうり、トマト、
コーン、アボカド
なんてのもいいね

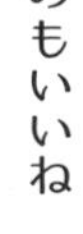

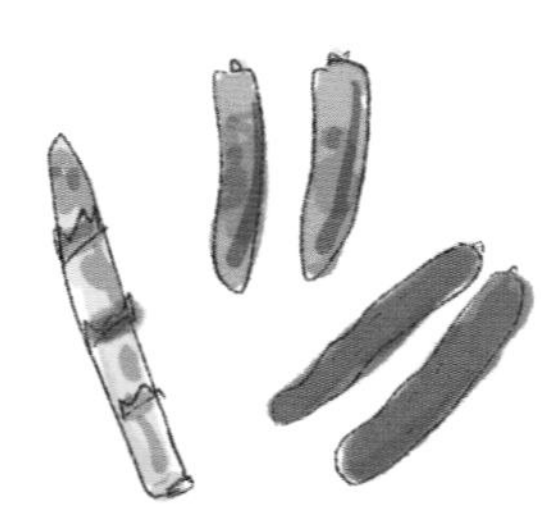
茹でたアスパラ
インゲンやにんじんも
いいね

葉物野菜は
ロメインレタスや
レタス

材料揃えるの
大変だね

ムリだ〜

「コブサラダ」の
原点に戻って
冷蔵庫の
残りもので作ろう
何がある？

卵に、
冷凍の枝豆がある

きゅうり
玉ねぎと
にんじんもあるよ

枝豆

それだけあれば
豪華な
コブサラダができるよ
大丈夫
枝豆を解凍しよう

にんじんは
皮をむいて
チン
レンジでチン
冷めたらみじん切りに

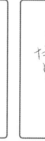

塩とお酢で
下味をつけておくと
酢
塩
おいしいよ

切った食材を
順番に並べてみて
えだ豆
玉ねぎ
トマト
きゅうり
ゆでたまご
にんじん

おお〜
「コブサラダ」っぽい

マヨネーズ
ケチャップ
寿司酢
チューブの
ニンニク
マヨネーズ
ケチャップ
すし酢
にんにく
コブドレッシング風

レタスがあるから
おすそ分けするね

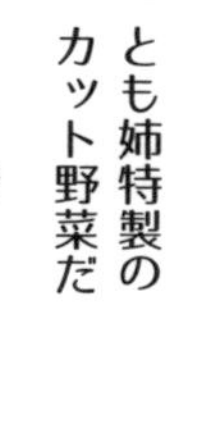
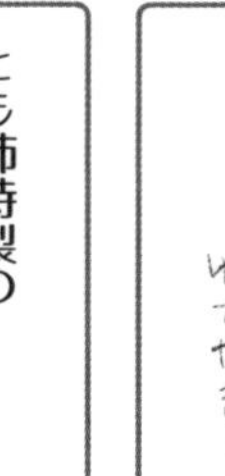
とも姉特製の
カット野菜だ
カット野菜だ
感謝！

食べる分
よそって
ドレッシングと和えて

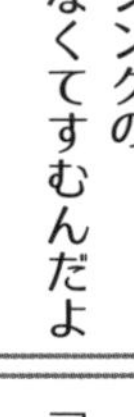
細かく切ることで
味のからみが
よくなるから
ドレッシングの
量が少なくてすむんだよ

これは
ひなのが作ったから
「ひなサラダ」だ〜

＼元祖・残りものでコスパ／

ひなサラダ 200円

枝豆　玉ねぎ　にんじん　トマト　きゅうり
茹で卵　ドレッシング

イタリアンドレッシング

アメリカの
イタリア移民が
考案した
ドレッシング

「イタリアンドレッシング」は
本国イタリアには
存在しない

えっ
そうなの
イタリアーン

人気のドレッシングは
伝説や
エピソードが
いっぱい

野菜嫌いの夫のために
作ったドレッシング
フレンチドレッシング
こりゃいける
フレンチ夫人

＼ 混ぜるだけ ／

コスパ

買ってくるだけ
コンビニのおつまみ
コブサラダ 350円

カット野菜　焼き鳥
イカ天スナック　ドレッシング

＼ アボカドでL.A.風 ／

コスパ

ちょっとだけ
本格コブサラダ 350円

アボカド　レーズン　サラダチキン
茹で卵　サニーレタス　ドレッシング

※レーズンはお湯でもどす

料理に彩りを！自家製スパイス再生野菜

パセリの葉をちぎって
ペーパータオルの上にのせてレンジでチン

とも姉のごはんはおいしい

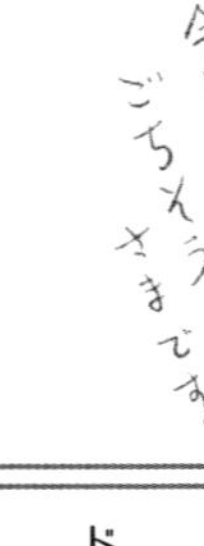
今日もごちそうさまです

冷ますと
パリパリなってフレーク状になる

パリ
パリ

ここにかかってるの
ドライパセリ？

おしゃれ

瓶に入れて冷蔵庫に

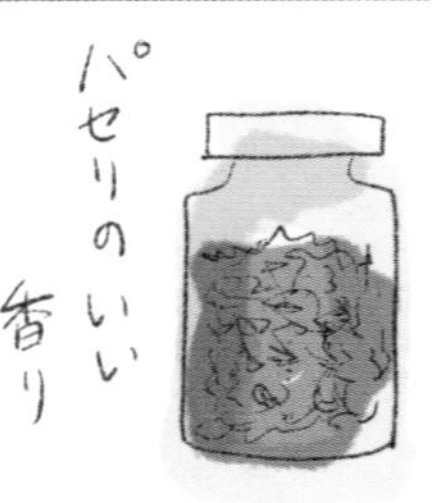
パセリのいい香り

自家製だよ
簡単にできるし
売っているのより
色が鮮やかだよ

スープの具も
自家栽培だよ

小松菜

ええっ

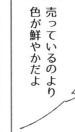

今、マイブームが
「再生野菜」

収穫の
喜びが
あるし
かわいい♡
すくすく

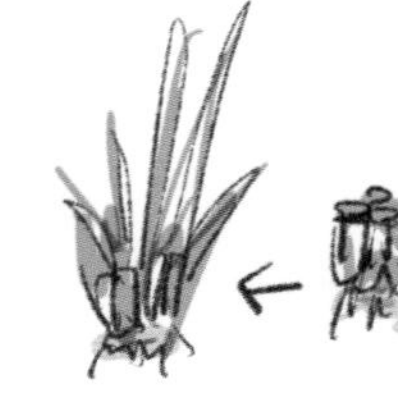

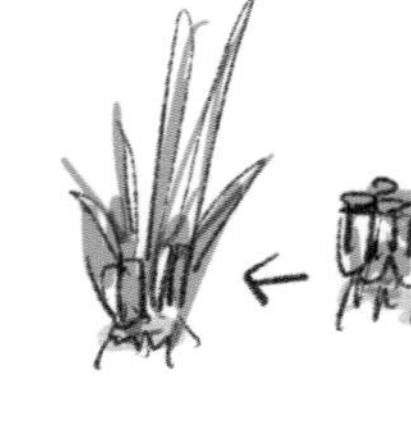
「再生野菜」は
野菜の根を捨てずに、
そこから食べられる
部分を収穫した野菜

テレビで見て

知ってる！

豆苗に
チャレンジしたんだけど

こねぎ
三ツ葉
ちょっとした
青味が欲しいとき
重宝するよ

失敗した〜
なんだか、
変な匂いがして
コバエが湧いた〜

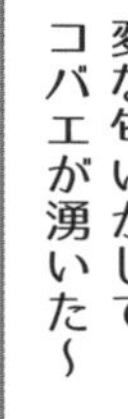

土に植え替えると

大きく育つのも
あるからね

水耕栽培は
水を腐らせないように
しないとね

あるあるだよね〜

豆苗は
ほどほど残して
カット

切りすぎない

根だけが浸る
水位を目安に
容器に
水を張る

ここ
大事

水が腐りやすいから
毎日替えて

水を足す
のではなく
全とっかえね

室温にもよるけど
10日くらいで
収穫できるよ

条件が揃えば
再生栽培は2回まで
可能だけど

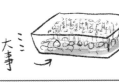

2回
楽しめる

3回目以降は
豆にカビが生えたり
するから
2回で終了した
方がいい

「再生野菜」に
できるものは
意外と多いよ

三ツ葉
にんじん
青ねぎ

私たち
農業もできるなんて
すごくない？

とったどう〜
そこまでは……

再生野菜の育てかた

大根やにんじんは1.5㎝程度の厚みを残してヘタをカットします。浅い容器に大根やにんじんを入れて、ヘタの上部分が水に浸からないように1㎝程度の水を入れます。

窓際などの明るい場所に置いて育てます。毎日1回は水を入れ替えヘタの下の部分も容器もきれいに洗いましょう。

食べるのは
若葉だけ

1週間ほどで若葉は出てきます。つまんで収穫しましょう。

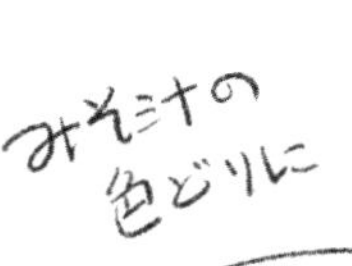
みそ汁の
色どりに

カビが生えてしまったりしたものは早めに処分し、衛生的に保ちましょう。市販の野菜のように衛生管理はできないので、「再生野菜」は火を通していただきましょう。

カット野菜って便利

カット野菜については「保存料が危険」「栄養がない」といった都市伝説があります。しかし実際は、国が認めた方法によって殺菌や消毒がきちんと行われているので、安全性では問題ないと言っていいでしょう。カット野菜は、もやしやキャベツなどの淡色野菜が中心なので、栄養面では、あまり期待できません。安い野菜が中心なので、自分で野菜を買ってきてカットすれば、半額以下で作れます。それでも働く女子にとっていらずで大助かりの「カット野菜」は手間アイテム。時と場合によっては「カット野菜」を使う知恵も必要ですね。

水洗いする？

?

洗わない？

下処理・カット

殺菌・消毒

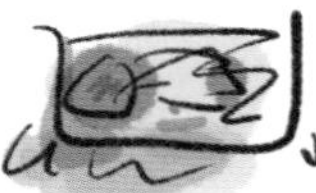

生ゴミも出ない使い切り

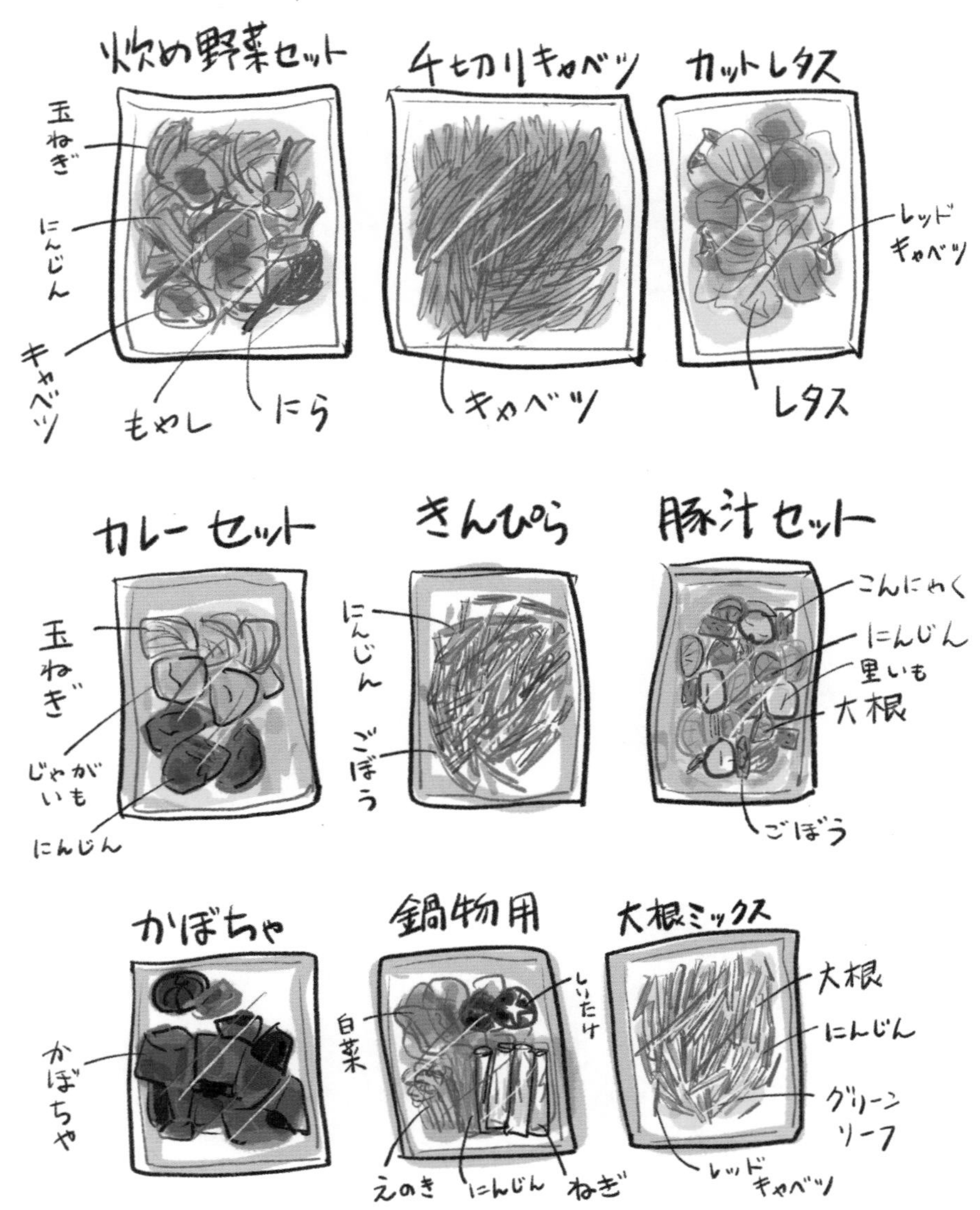
炒め野菜セット
玉ねぎ
にんじん
キャベツ
もやし
にら
千切りキャベツ
キャベツ
カットレタス
レッドキャベツ
レタス
カレーセット
玉ねぎ
じゃがいも
にんじん
きんぴら
にんじん
ごぼう
豚汁セット
こんにゃく
にんじん
里いも
大根
ごぼう
かぼちゃ
かぼちゃ
鍋物用
白菜
しいたけ
えのき
にんじん
ねぎ
大根ミックス
大根
にんじん
グリーンリーフ
レッドキャベツ

体を錆びさせない「ストレッチ＆筋トレ」

三角のポーズ
ねこのポーズ
鼻から息を吸って
口から息をはく
ヨガでストレッチ
立木のポーズ
プランク
筋トレで体幹をきたえる
スクワット
サイドブリッヂ

③ 使い切り！おうちごはん

鮭フレークはごはんのお供だけじゃない

とも姉から差し入れの

鮭フレーク

さけ

ほろほろの鮭が
おいしい！

それ、手作りだよ

えー♡

塩鮭の切り落としが安かったので

作ったよ

塩さけは

茹でこぼして
ひたひたの水でゆでる

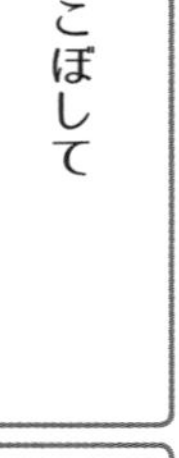

手でほぐして骨を取る
ポイポイ

フライパンに戻し
酒をふり
空炒りする

酒

水気がなくなったら
そのまま冷ます

冷めたら
味見してから
塩を足して

しお

空瓶に保存
早めに食べ切ってね

熱湯消毒

鮭フレークって
おにぎりか
お茶漬けしか
思い浮かばないな〜

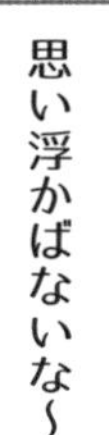
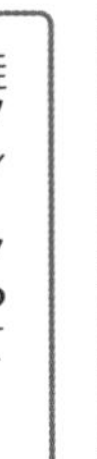
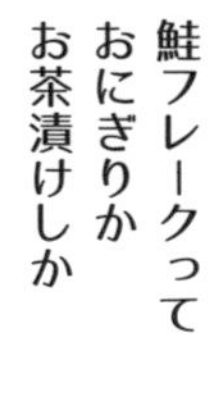

おにぎりは
鮭フレークを
入れてから

ラップ
茶わん

クリームチーズを
足して
優しく
握ると

混ぜなくてもいい

「鮭チーズ
おにぎり」になるよ

サケチー
おいしい〜

あと
パスタの具材にも
なるよ
スパゲティ

茹でたてのスパゲティに
からませただけでも
おいしいけど
鮭スパゲティ

鮭は
生クリームが
合うんだよね
生クリーム

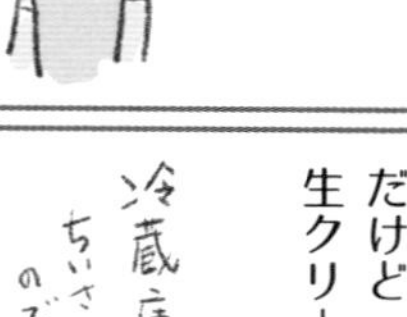

だけど
生クリームは
冷蔵庫ちいさいので
冷蔵庫に
あることは
めったにない

生クリームは
もともと牛乳から
できているので
MILK
生クリーム
バター

牛乳とバターで
生クリームの代わりに
するよ
小麦粉を
使わないから
ホワイトソースじゃ
ないよ
バター
牛乳

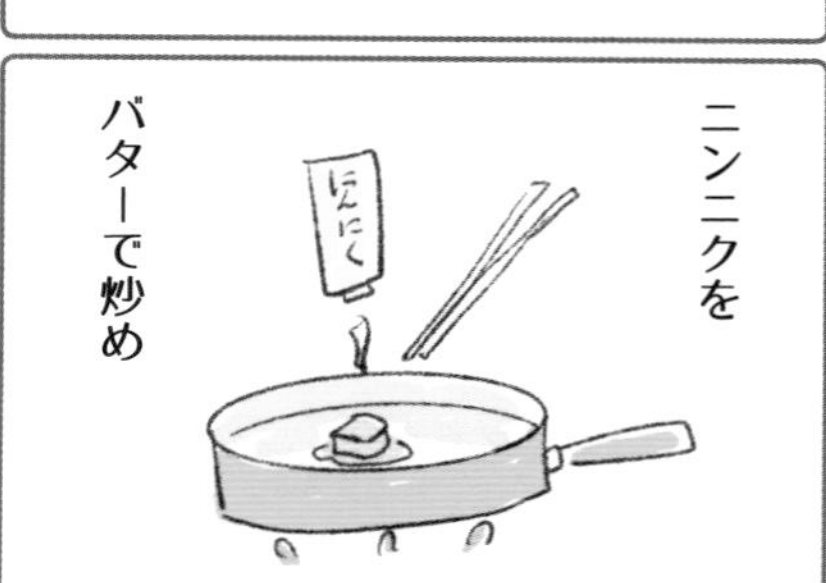
ニンニクを
バターで炒め
にんにく

ほうれん草と
鮭フレークを
入れ

牛乳を
入れる

鮭の塩気があるから
味見をしてから
コンソメで
味をつけて
コンソメ
パスタソースになる

いつものように
レンジで
茹でた
スパゲティを投入

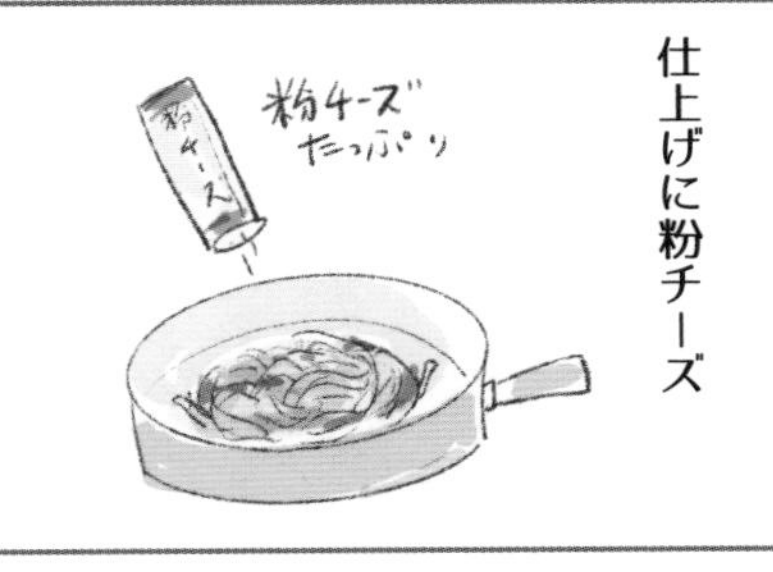
仕上げに粉チーズ
粉チーズたっぷり
粉チーズ

黒コショウを
効かせて
P

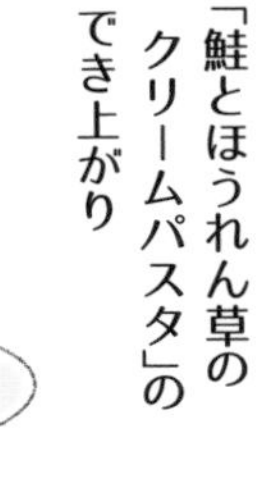
「鮭とほうれん草の
クリームパスタ」の
でき上がり
おいしそう〜

鮭フレークを使って
キッシュも作ったよ

あの
キッシュ

鮭、ほうれん草
卵、ピザ用チーズを
混ぜて

卵
ほうれん草
鮭

ピザ用チーズ

厚切りの食パンは
スプーンの背で
凹みを作る

スプーンの背で押す

こんな感じ

くぼみを作る

卵の液を流し入れて
オーブントースターで
固まるまで焼く

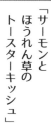

食べ切りサイズの
「サーモンと
ほうれん草の
トースターキッシュ」

まるでキッシュだ

ボリューム満点

何枚切りでも
できるけど
厚切りのパンが
キッシュっぽいよ

4枚切りが理想

卵液が固まるまでに
パンが焦げそう
だったら
アルミホイルを
敷いて焼いて

チャーハンの具にもなるよ

フライパンに多めの油を入れ
卵1個ふんわり炒り卵にする

仕上げに塩をひとつまみふって

卵に下味

お皿に取ったら同じフライパンに
冷やごはんを投入する

ごはんに火が回ったところに
ちぎった梅干し
鮭フレーク

梅
鮭

最後にお皿の炒り卵を投入し
さっくり混ぜる

具材に味がついているから
味見をしてから

味見大事

鍋肌から醤油を回し入れ
「鮭と梅のチャーハン」完成

ジュワ〜

＼夜食の定番／

コスパ

鮭茶漬け 80円

鮭フレーク　ごはん　刻み海苔　顆粒だし

＼思いがけないおいしさ／

コスパ

鮭の和風スパゲティ 80円

パスタ　鮭フレーク　麺つゆ

＼お手軽なのに本格的／

コスパ

鮭のクリームスパゲティ 150円

パスタ　鮭フレーク　牛乳　バター　ニンニク
ほうれん草　粉チーズ　コンソメ　黒コショウ

＼ハマる味わい／

コスパ

鮭チーズおむすび 120円

クリームチーズ　鮭フレーク
ごはん　海苔

＼食べごたえあり／

コスパ

鮭のトーストキッシュ
100円

食パン　卵　鮭フレーク
ほうれん草　とろけるチーズ

＼梅と鮭のベストコンビ／

コスパ

鮭と梅のチャーハン
100円

鮭フレーク　ごはん　梅干し
卵　醤油　塩

鮭の皮は
オーブントースターで
カリカリに焼くと
鮭皮チップスに
なるよ

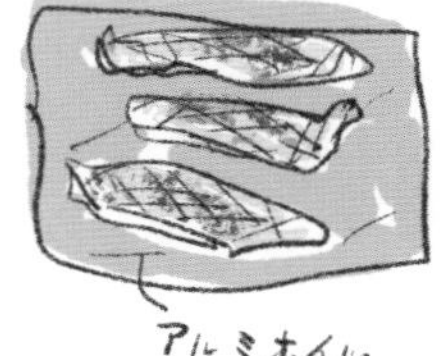
アルミホイル

じゃがいも にんじん 玉ねぎ 備蓄品で 簡単メニュー

SPAM

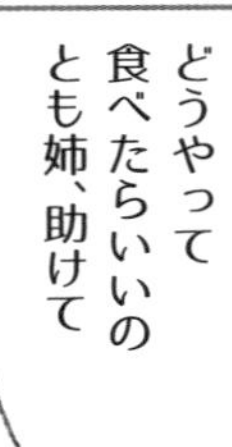
どうやって
食べたらいいの
とも姉、助けて

どうしよう

にんじんと
じゃがいもの
きんぴらを作ろう

簡単に

にんじん、
じゃがいもは
太めの千切り
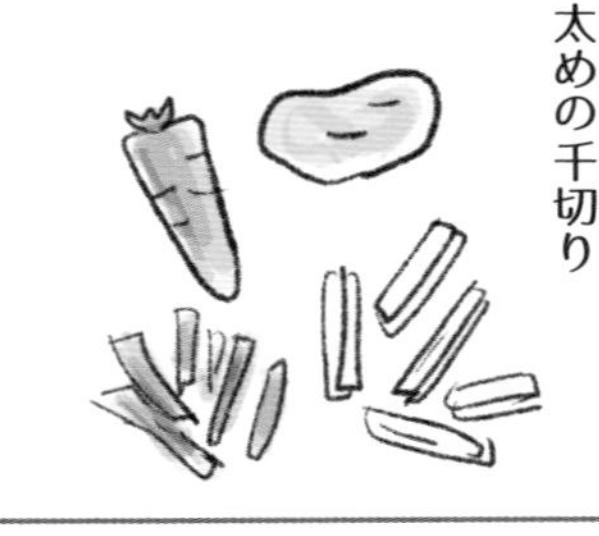

フライパンに入れ
ごま油を回しかけ
火をつける

ゆっくり火を通して

好みの硬さになったら

麺つゆで味つけ

麺つゆ

玉ねぎの味噌汁と
卵かけごはんで
1食分

にんじん、玉ねぎ
じゃがいも、スパム
コンソメで

ポトフを作ろう

スパム半分
SPAM

激せまキッチンだから
野菜はレンジで
加熱しておく

玉ねぎ
じゃがいも
にんじん

スパムは切って
フライパンで焼き
野菜を入れ

コンソメスープで
煮込み

スパムは
焼きつける

塩コショウで
味を整える

一度
冷まして
再加熱すると
味が染みるよ

ポトフ

ポトフの残りは
翌日

サイコロ状に
切って

多めの
オリーブ
オイルで
炒める

オイル

といた卵2個を流し入れ
形を整えて丸くすると

1人前の
「スペイン風オムレツ」

おいもがほくほく
ケチャップをかけて
召しあがれ

じゃがいも
1個あれば
ポテサラが
できるよ

皮をむいた
ジャガイモをレンジで
チンして

やけどに
注意して
手で潰す
タオル

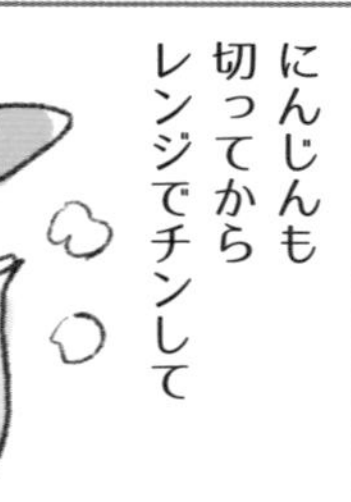
にんじんも
切ってから
レンジでチンして
ジャガイモに
混ぜる

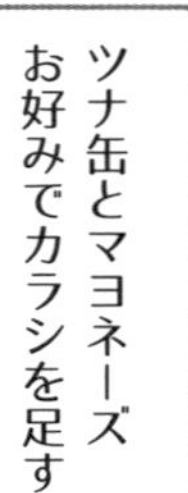

ツナ缶とマヨネーズ
お好みでカラシを足す

できたポテサラを
パンと一緒に
フランスパン

「ツナポテトの
オープンサンド」

まだスパムが残ってる
スパム半分

7ミリくらいに
スライスして
カリッと
なるまで焼いて

そのまま
ご飯の上

引き続き
スクランブルエッグを
作って
塩味

ごはんにどーん
沖縄の
「ポーク卵」だよ
ポーク
たまご

スパムの塩気を見て
塩コショウを
足してね
P
S

簡単なのに
ごはんが進む〜

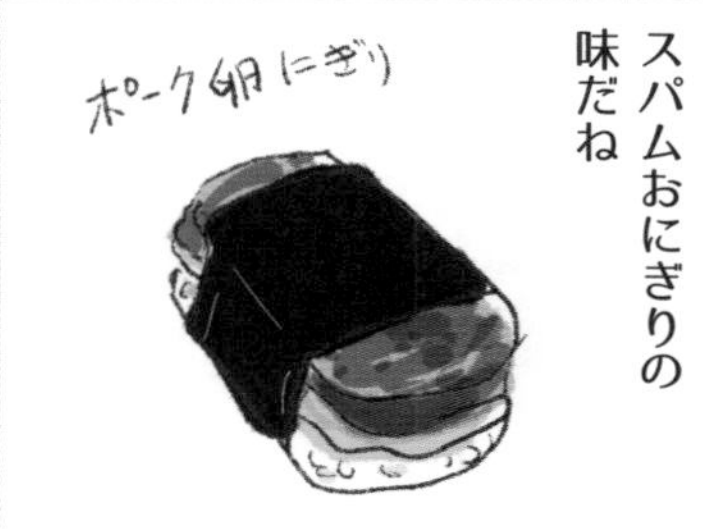
これって
スパムおにぎりの
味だね
ポーク卵にぎり

野菜も半端に
残ってるんだけど…
思いつかん

野菜を
全部刻んで
ニンニク
生姜
油を少々かけて
しょうが
にんにく
オイル

栄養的にも
バッチリ

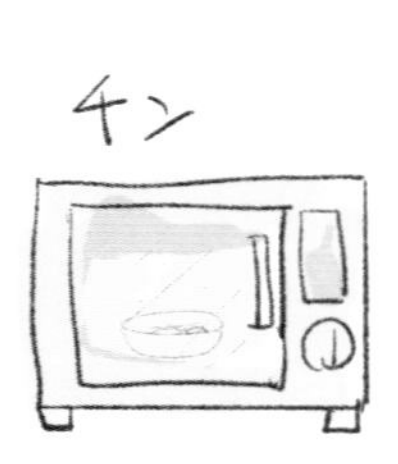
レンジでチン
チン

市販のルーを使えば

ハヤシライス

カレー

カレーにしたり
ハヤシライスに
したりできるし

鯖の水煮缶と
トマトの水煮缶に
コンソメを足して
さらに
レンジで加熱すると
さば
コンソメ

鯖のトマト煮込みは
どこの料理？

「鯖のトマト煮込み」

強いて言えば
「トルコ」
かな
トルコ
いいね

あると便利な缶詰

シーチキン
シーチキン
シーチキン

ツナ缶

日本で販売されているツナ缶の原材料は、主にマグロやかつお。クセもなく、手軽に魚のタンパク質が摂れ、使い回し抜群の食材。缶の汁も栄養豊富なので残さずに利用しよう。

スパム缶

主に豚肉が原料。脂質が多いので、ゴーヤチャンプルなど炒め物に使うのもオススメです。

さば
水煮

鯖の水煮缶

鯖には健康効果の高い「EPAやDHA」が多く含まれています。水煮缶は缶詰された状態で茹でられるので、骨や皮の栄養が丸ごと閉じ込められています。缶の汁も捨てずに使いましょう。

カットトマト

トマトの水煮缶

「トマトが赤くなると医者は青くなる」と言われるくらい、健康的な食べ物。トマト缶を使い切れない時は、小分けして冷凍保存すれば、1ヶ月は保存可能。低カロリーのトマトの水煮缶は、ダイエットにも。

＼スパムだからすぐ煮える／

コスパ

スパムポトフ 300円

スパム　じゃがいも　玉ねぎ
にんじん　コンソメ　塩コショウ

※あればドライパセリも

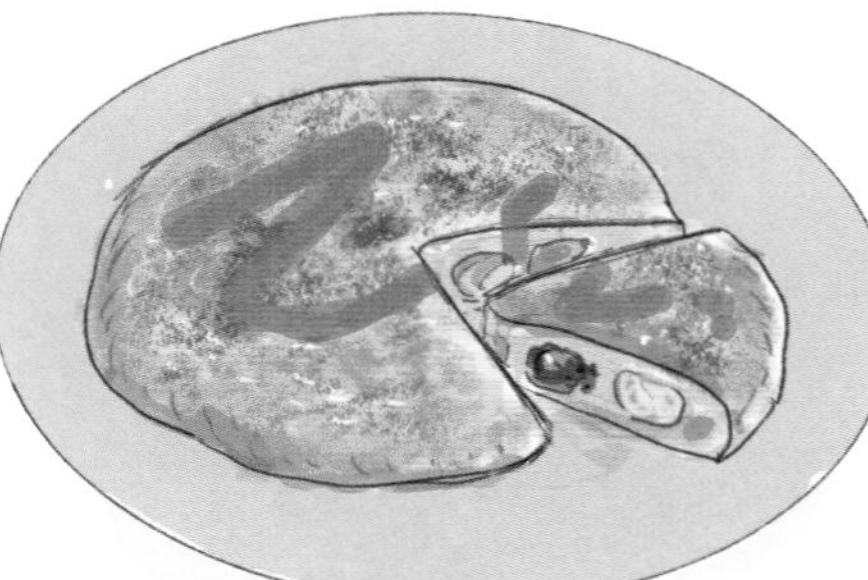

＼おいもホクホク／

コスパ

スペイン風オムレツ 50円

ポトフの残り　卵

＼お手軽惣菜／

コスパ

にんじんとじゃがいものきんぴら 60円

じゃがいも　にんじん　麺つゆ

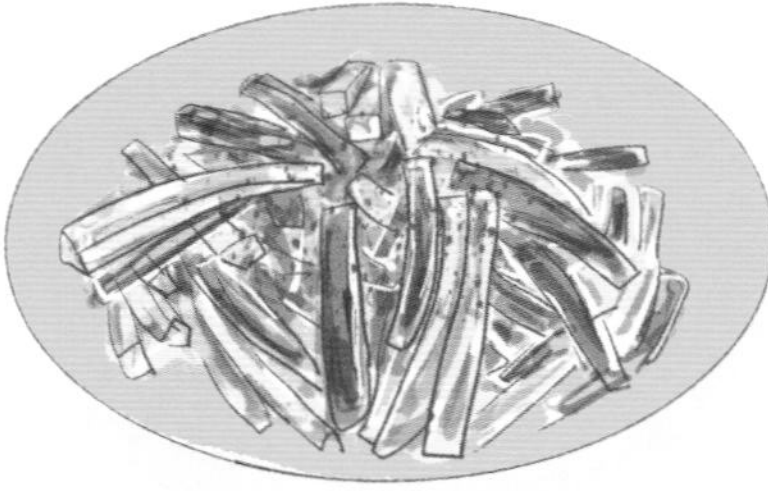

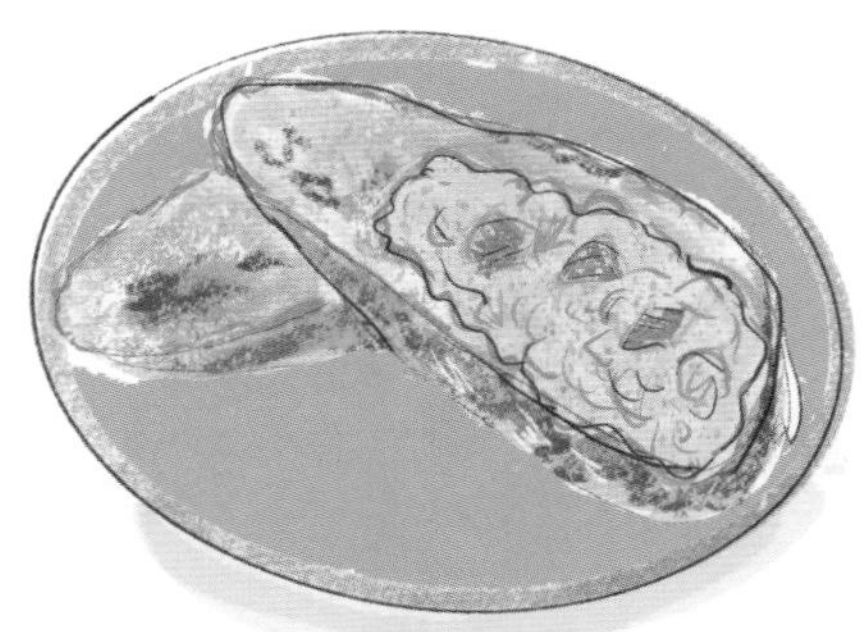

＼骨まで食べられる／

コスパ

鯖のトマト煮込み 150円

鯖缶　トマト缶　にんじん　玉ねぎ
じゃがいも　コンソメ　ニンニク　生姜

＼カリカリトーストにのせたい／

コスパ

ツナポテトの
オープンサンド 180円

じゃがいも　にんじん　ツナ缶
マヨネーズ　フランスパン

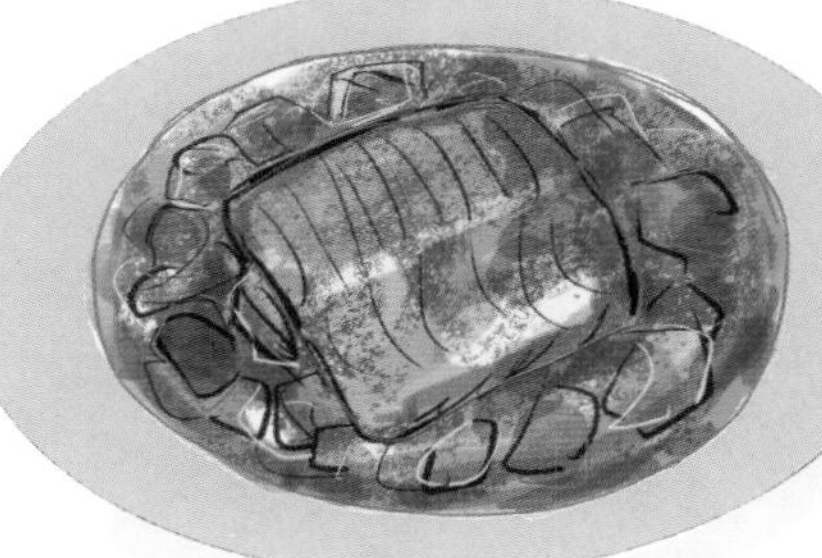

＼沖縄食堂の気分／

コスパ

ポーク卵 200円

スパム　卵　ごはん　プチトマト

非常食はいつもの味で
水
小麦粉
スパゲティ
麺
お米
防災にも役に立つ日常備蓄を始めよう
賞味期限を書き入れる
10/5
ラーメン
買い足す
食べる
備える
ローリングストック

生活用品
トイレットペーパー
カセットコンロ
ガス
ガス
なにかと便利
ビニール袋
45L
キッチンポリ袋
小
生理用品
ナプキン
マスク
ライト
ライフラインが
止まっても
1週間は
生活できるように

東日本大震災では、直接的被害だけでなく、首都圏を中心とした広い地域で、深刻な物不足が起こりました。スーパーの棚からは、パンが消え、カップラーメンやレトルト食品、缶詰、米、ミネラルウォーター、肉、野菜、牛乳などの、生鮮食品も消えました。製紙工場の被災の影響で、トイレットペーパーも品切れに。被災地では、水道や電気、ガスなどのライフラインが使えない状態になりました。日常備蓄と防災への備えは、いざというときだけでなく、自分自身に起こる日頃の小さなトラブルにも、役に立ちます。

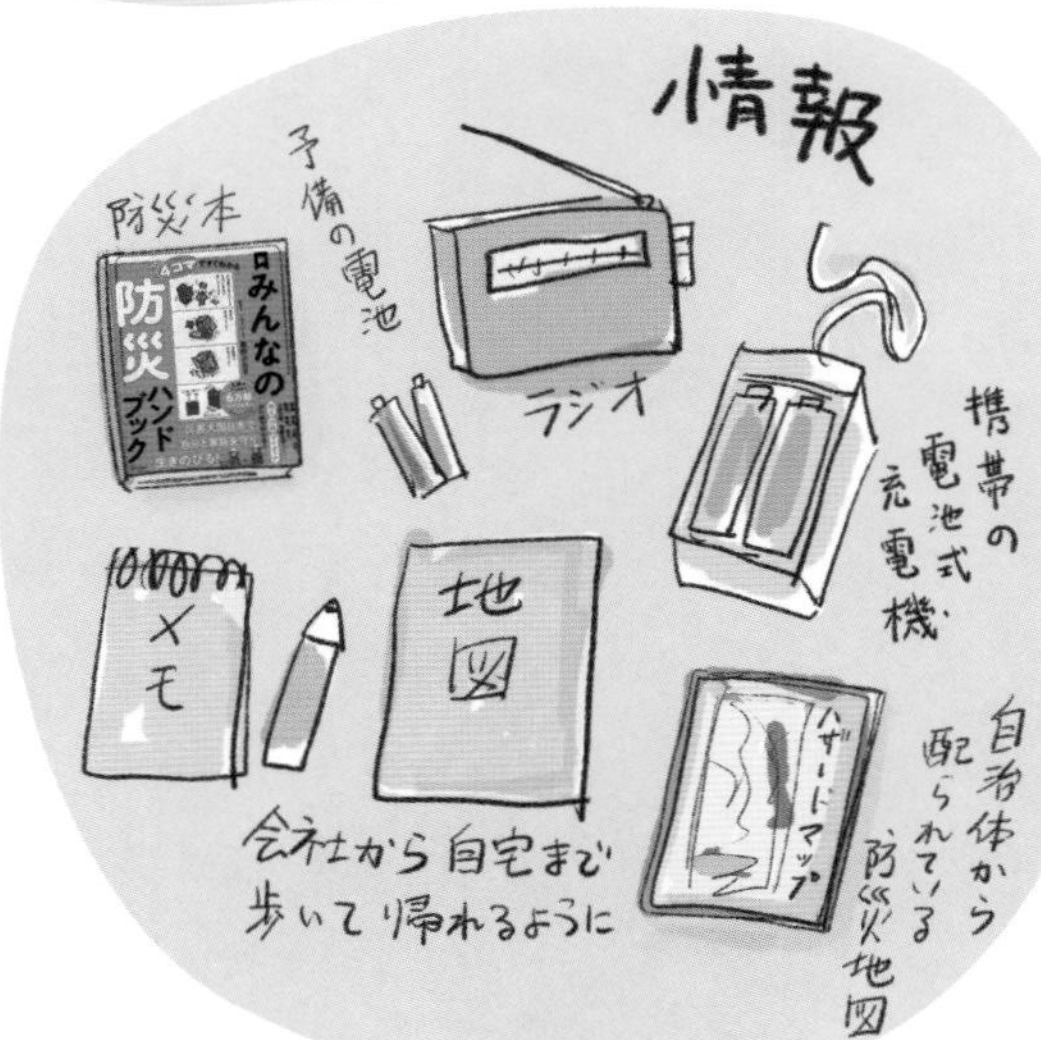

情報
防災本
みんなの
防災
ハンドブック
予備の電池
ラジオ
携帯の
電池式
充電機
メモ
地図
ハザードマップ
自治体から
配られている
防災地図
会社から自宅まで
歩いて帰れるように

半端な小麦粉をムダなく使い切ろう

小麦粉

とも姉
小麦粉が
使い切れません
クッキー
使った
残り
小麦粉

消費期限も気になるし
虫が来そう
おき場所
とるし

もうクッキーも
作る予定ないし
クッキーって
バター大量に
使うし

小麦粉で
お団子汁を
作ろう
おかずで
使おう

お団子汁？
だんご？、

野菜いっぱいの
お汁に
小麦で
作ったお団子を
入れた具沢山汁

根菜がいっぱいだから
体にもいいし
1品で
ごはんと
おかずになるよ
ほっこり

小麦粉1カップ
塩ひとつまみ
お水を
徐々に足して

耳たぶくらいの
柔らかさに
して
よくこねる

こねたら
丸めて
30分休ませる

冷蔵庫で

お汁の具材は
大根
にんじん
しいたけ
ごぼう
油あげ…

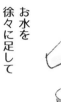

大根、
にんじんは
銀杏切り
油あげは
細切り
しいたけは
薄切り
ごぼうは
斜め切り

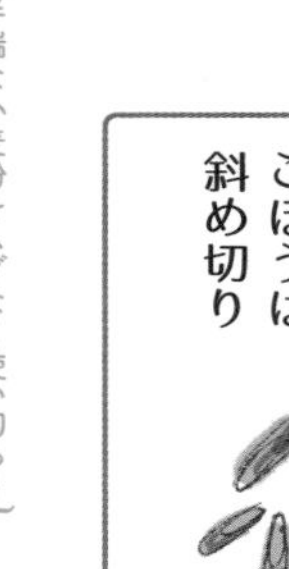
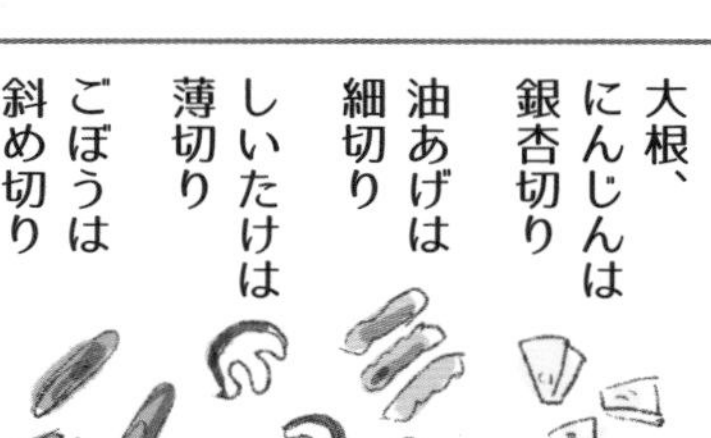
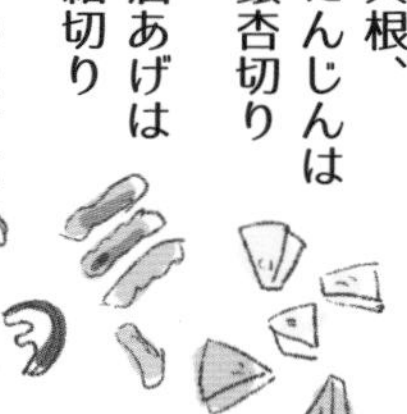

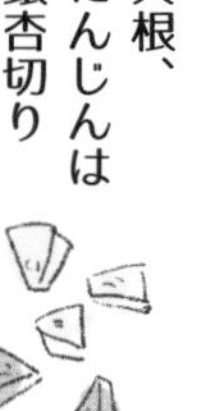

顆粒だしで
柔らかくなるまで
煮る

丸めた小麦の
お団子は
棒状に伸ばして

端からちぎって
伸ばしたものを
汁の中に
入れていく

どんどん
入れていく

団子が浮きあがり
透明感が出てきたら
醤油で
味つけ
しょう油味

味噌でも
おいしいよ
みそ

お団子汁って
言っても
丸くないね

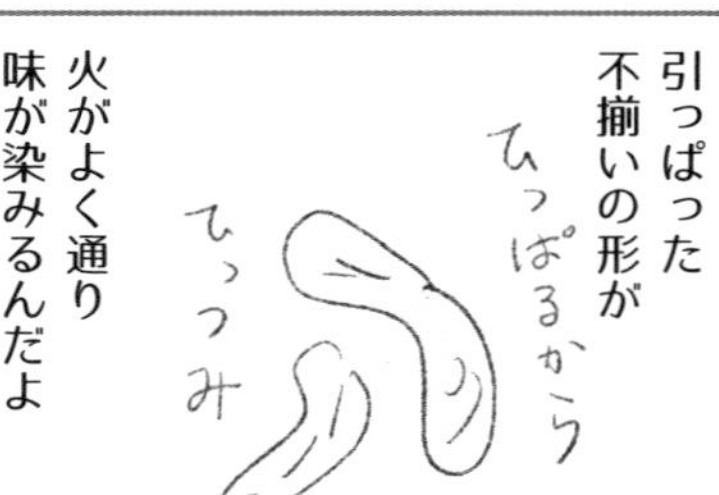
引っぱった
不揃いの形が
火がよく通り
味が染みるんだよ
ひっぱるから
ひっつみ

名前は違うけど
日本中に
団子汁があるよ
すいとん
ひっつみ
はっと
だご汁
すいとん多し

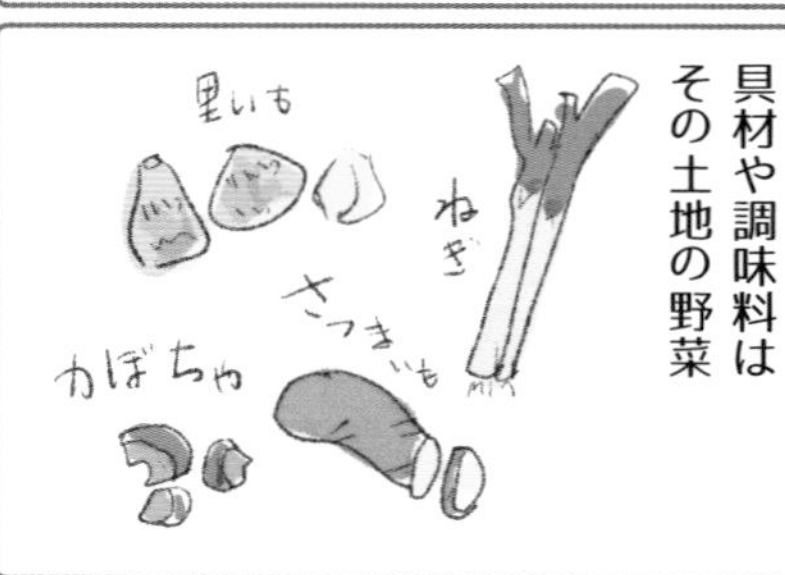
具材や調味料は
その土地の野菜
ねぎ
里いも
さつまいも
かぼちゃ

青ねぎをかけて
「お団子汁」を
召しあがれ
おいしそう

ひとり暮らしだと
具材が
使い切れないので

汁の具セットに
して
お団子は
お湯でゆでて
冷凍する

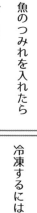

1人前用に
冷凍保存する

これで
いつでも「お団子汁」が
食べられる
お団子汁
セット

豚バラ肉を
足したら
豚汁になるし

魚のつみれを入れたら
つみれ汁になる
魚のすりみ
つみれ

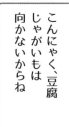

冷凍するには
こんにゃく、豆腐
じゃがいもは
向かないからね
こんにゃく
じゃがいも
豆腐

水分が多い食材は
繊維が壊れるから
じゃがいもが
とけてる〜

あと、お好み焼きなんかもいいけどガレットとかどう？
ガレットはフランス語でまるい食べもの

ガレットってフランスの
クレープみたいなやつ？
おしゃれ！

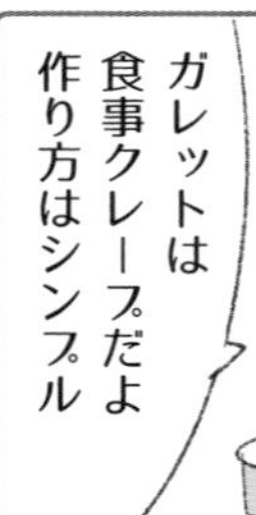

クレープは砂糖やバターがたっぷりだけど
ガレットは食事クレープだよ作り方はシンプル
フライパンひとつ

小麦粉大さじ2牛乳大さじ4で
とくだけ

油を引いたフライパンに
薄く生地を広げ
フライパンを傾けてひろげる

生地が乾いたタイミングで

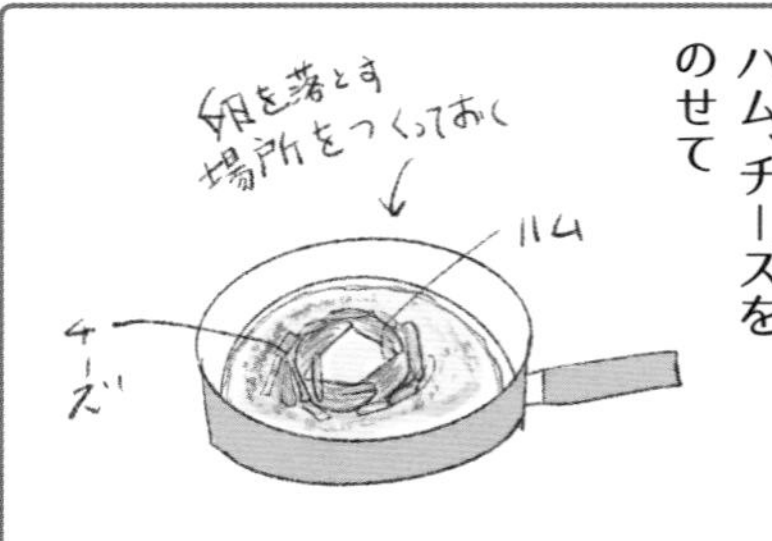
ハム、チーズをのせて
卵を落とす場所をつくっておく
ハム
チーズ

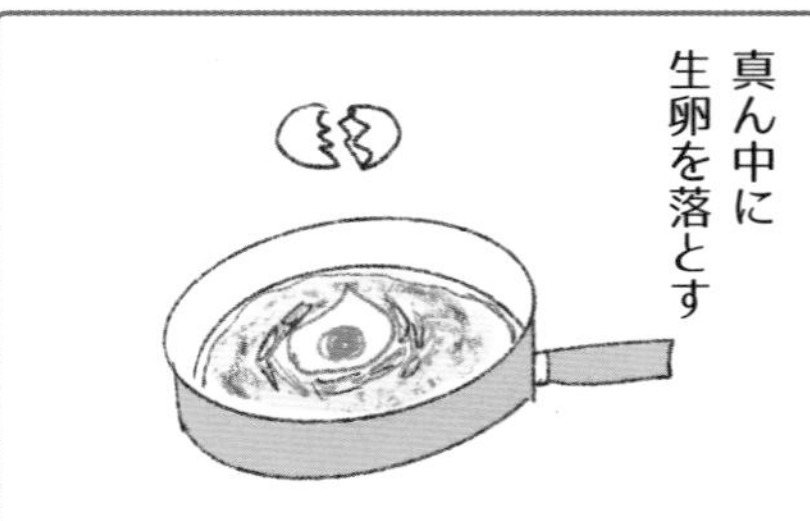
真ん中に生卵を落とす

蓋をして
少し卵に火を通す
好みの固さにする

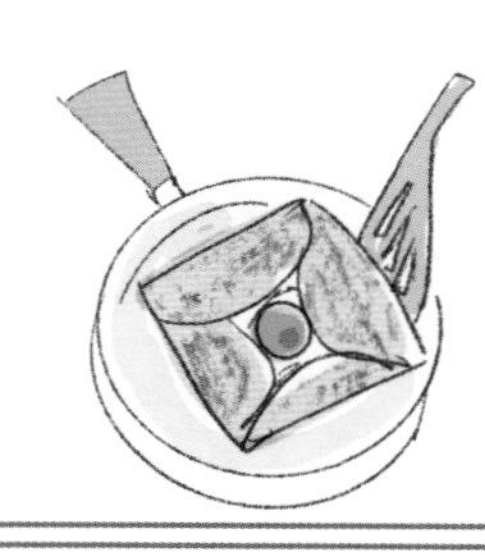
側面の生地を
4つ角を作るように
フライ返しで折り込む

塩、コショウ・
パルメザンチーズを
ふって
P
S
完成

休日の朝ごはんに
いいね

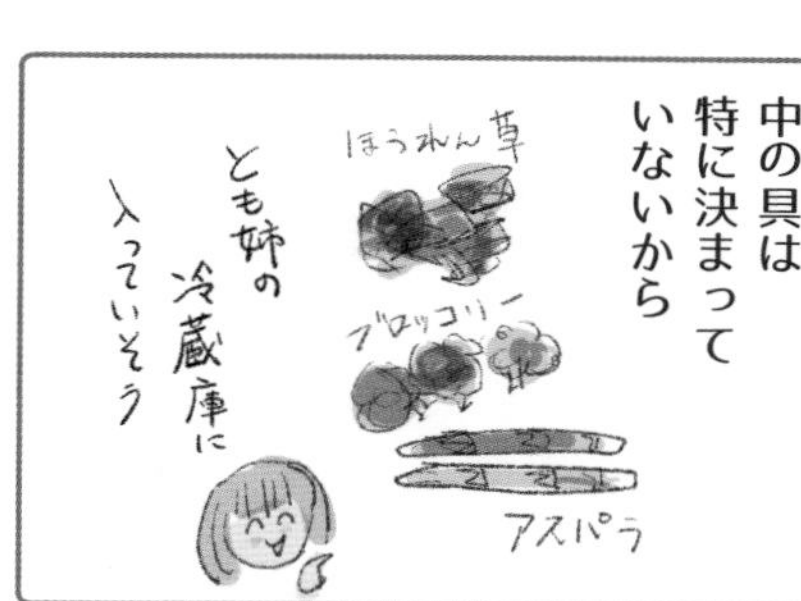
中の具は
特に決まって
いないから
ほうれん草
ブロッコリー
アスパラ
とも姉の
冷蔵庫に
入っていそう

冷蔵庫に残っている
ほうれん草とか
ブッロコリーとかには
マヨネーズを足して
野菜が
多い時は
マヨネーズが合う
マヨネーズ

他にも
はちみつを
かけて
Honey
くるくる巻いただけの

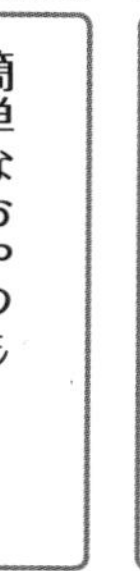
簡単なおやつも
おいしい!

素朴な
無添加
おやつ♡

もともと
そば粉で作られている
ブルターニュのガレット

＼おしゃれなのに簡単／

コスパ

ハムとチーズのガレット 50円

小麦粉　牛乳　ハム　チーズ
卵　塩コショウ　粉チーズ

「ガレット」とは、フランスの料理・お菓子の名称で“薄くて丸いもの”を表す言葉。本来そば粉で作る

＼栄養バランスOK!／

コスパ

ほうれん草のガレット 50円

小麦粉　牛乳　ほうれん草　卵
塩コショウ　粉チーズ

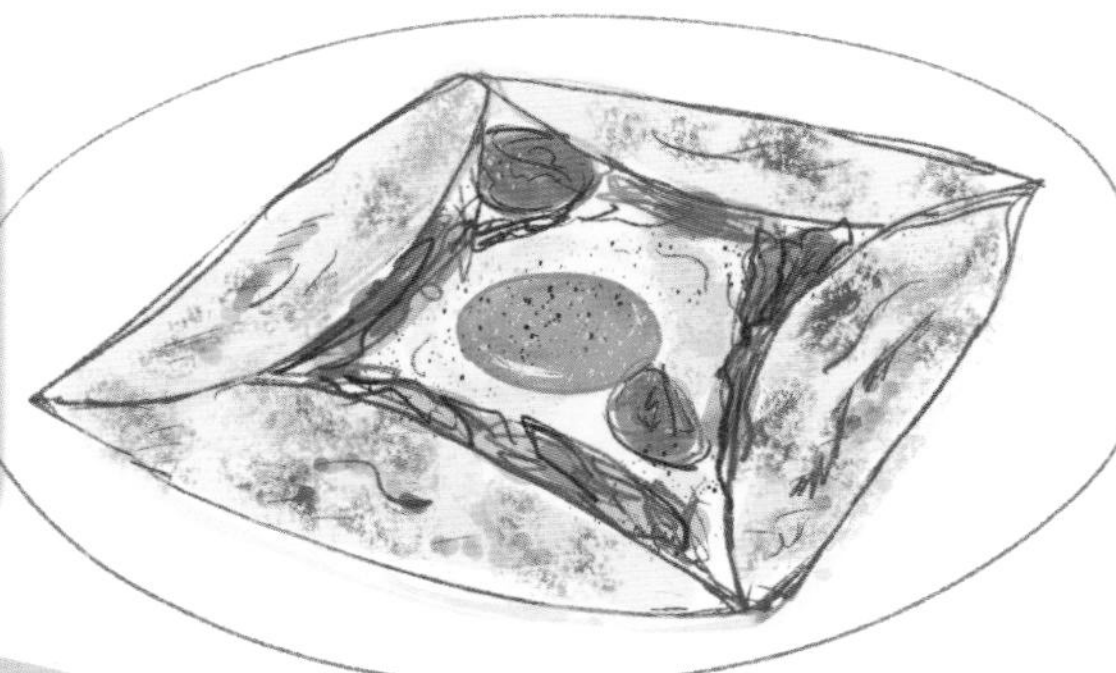

＼素朴なおやつ／

コスパ

はちみつのガレット 30円

小麦粉　牛乳　はちみつ

沖縄にもポーポーという似たようなオヤツがあるよ

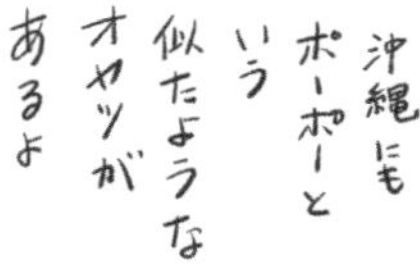

＼日本中、愛され汁／

コスパ

お団子汁 150円

大根　にんじん　油あげ
しいたけ　ごぼう　小麦粉
青ねぎ　顆粒だし　醤油

なくせ「食品ロス」！

食品ロスは地球にもおさいふにも悪い
もったいないけいさつ
チルドのうどん
3玉 ¥100
あとで食べる
半分にして冷凍
すぐ食べる分 冷蔵庫へ
食パン 89円
半分は買ったその日に冷凍する
賞味期限3日
解凍してトーストに
ラップ＋ポリ袋で冷凍
フレンチトーストに
ラーメン 5/20
カレー 2/
スパゲティ 10/10
マジックで賞味期限を書き入れよう
ラーメン類は思いの他賞味期限が短いので注意

「冷凍庫に入れれば安心」。そう思っていませんか。安心していると、あっという間に、数ヶ月が経ってしまいます。ある日、霜だらけの食材を手に取って、食べる気も、料理する気も失せ、冷凍庫にそっと戻す。これってあるあるではないでしょうか。食材だけでなく、冷凍庫のスペースも、電気代も、ムダにすることになります。家庭で冷凍する肉の冷凍保存期間は1ヶ月程度が目安といわれていますが、できるだけ2週間を目安に使い切りましょう。週に一度は「冷蔵庫空っぽデー」を決め、食材を使い切る工夫をしましょう。

買ったお弁当もお惣菜もムダにしない
ハンバーグ・焼肉弁当 750cal
食べ切れないと思ったらあらかじめ取り分けてから食べよう
チーズをのせてレンジで加熱
ラップして冷蔵庫に
ミニチーズハンバーグ丼にして食べれるよ
(当日か翌日には食べ切って)
惣菜の唐揚げ
すぐ食べる
ミニ弁当にして冷凍する
家庭の食品ロスの6割が食べ残しなんだよ
冷凍庫も忘れずに
霜がついて中身がわからなくなるのでラベル表示を
冷蔵庫は定期的に強制的に空にしよう
これ食べられる?
食べられるかどうかは五感をとぎすませて判断する
くんくん
あやしいと思ったら迷わず処分
残りもので新しいメニューに挑戦
これ作ろう
材料を入れてメニューを検索

買い物の達人を目指せ

特売!!

特売をやっていたから
ついつい

198円だよ
コーン
フレーク

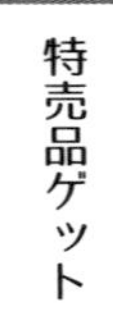
特売品ゲット

とも姉は
カートを使わないいね

いつの間にか
テンコ盛り

安いし
まっ、いいか

カートを使わないのは
買いすぎ防止も
兼ねてるの

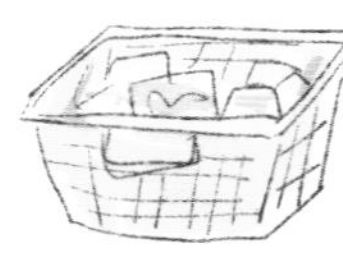
カゴいっぱい
予算 5000円まで

ずいぶんと
買ってるね～

ひなちゃん
とも姉

食材は
足りないくらいが
丁度いいからね

冷蔵庫も
キッチンも
小さいし

確かに使い切れるかどうか
ちょっと心配に…
どれどれ
何を作るか思い浮かぶ？
そういわれるとサラダしか浮かばない
レタス
保管する場所はある？
冷蔵庫に余裕はない…
レタス
似たようなものが家になかった？
たしかキャベツが少し残ってた
レタス
もう少しで買いすぎちゃうところだった
買い物のコツは
安く買うより
「ムダに買わない」
ハイ
原始的だけど冷蔵庫を見て作るメモが一番かな
買い物メモ

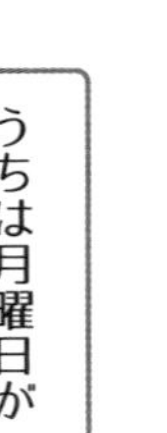

うちは月曜日が
生ゴミの日
だから…
可燃物
ゴミ
ゴミの日
ありき

前日の日曜日に
まとめ買い
休日で
心に余裕が
ある日に
まとめ買い

その日のうちに
野菜や肉も
小分けして仕込みする
包丁を
使うのは
仕込みのときだけ

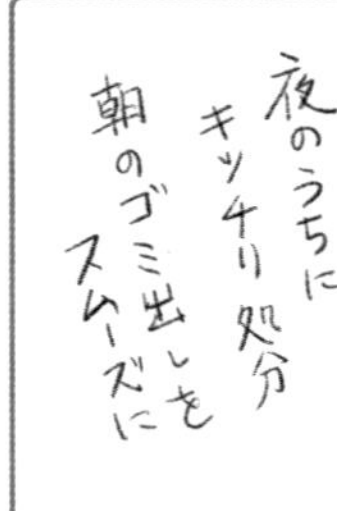
生ゴミも処理できるし
夜のうちに
キッチリ処分
朝のゴミ出しを
スムーズに

買い足すのは
水曜日

冷蔵庫を見て
足りないものを
チェック
ん〜

もしかして
木曜日が
生ゴミの日だから
わかった!!

正解！
部屋が狭いのに
ゴミを溜めたく
ないからね

なるほど〜
とも姉は
毎食
完璧だよね
すごいよ
残業した日なんかは
簡単メニュー
だよ
たまごかけごはん
ふふふ
そうでもないよ
そんな日のために
自家製冷凍セットが
あるんだけどね
冷凍野菜と液みそ
みそ
具だくさんみそ汁
時間と体力に
余裕のある日は
まあまあだけど
一汁三菜
そっか…
とも姉でも
そんなことが
あるんだね
全然余裕ない日は
今日は〜
つかれた〜
節約して
浮いた食費で
プチ贅沢するのも
楽しみだしね

ひなちゃんも
どうしても
食べたいものって
あるじゃない

あるある
とくに
スイーツ系
タピオカとか

私もそう
フルーツサンドとか
スイーツから

エスニックまで
幅広い
バインミー

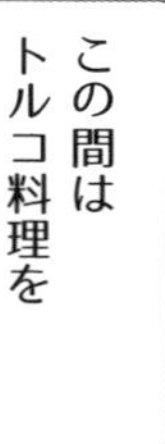
この間は
トルコ料理を
食べに行ったし

珍しい食との出逢い
異国の香辛料
カッパドキア
想いは
国境を超える

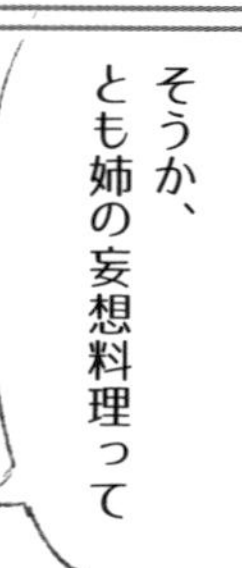
そうか、
とも姉の妄想料理って
ここから
来てるんだね

いつか、ひなちゃんと
世界のスローフードを
食べ歩きしたいね
だね〜

衝動買いを誘うスーパーマーケットの秘密

買う人が多い
乳製品は
いちばん奥に
ある
ミルク
時間を忘れて
もらうために
店内には時計は
ない
肉や魚は奥におき
店の奥まで
来てもらう
ついでに買ってもらう
お惣菜コーナー
レジ
レジ
レジ
レジ
右ききの人が多いので
人の流れは反時計回りに
レイアウトされている
季節を感じさせる
くだものや野菜は
入口のすぐそばに
スーパーの
レイアウトは
買わせるように
できているから
まんまと
ハマッてます

ムダなく食材を使い切る

いただきます

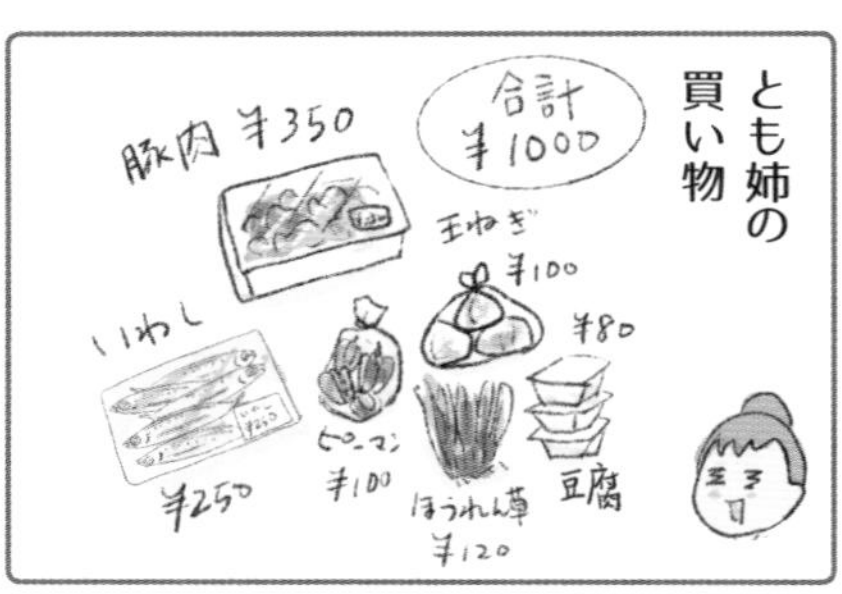
とも姉の買い物
合計 ¥1000
豚肉 ¥350
玉ねぎ ¥100
¥80
いわし
ピーマン ¥100
ほうれん草 ¥120
豆腐
¥250

スーパー東友
とも姉
ひなちゃん

豚肉のこま肉ってどこの部分？
豚コマ 100g ¥80
お買得!!
¥350

朝ごはんと夕飯を買いに来た
ひなのの買い物
とんかつ弁当
¥540
フルグラ
ミルク
合計 ¥1000
¥280
¥180

肉の値段って何の肉かどこの部位なのか

とも姉は何を買ったの？
見る？

産地や飼育方法によっても値段が違って…
日本
ブラジル
オーストラリア

こま肉は
いろいろな部位
端材の肉を
集めて細かく
切ったので

お得なお肉

牛肉こま切れも同じ
いろいろな部位の端材を
集めて

スライスした
お得品が多いよ

同じようなもので
「牛切り落とし」っての
があるけど

これはスライス肉で
部位を表示してあるもの
が多いね

もも肉
切り落とし

お肉を買うときは、
ドリップ(赤い汁)が
出ていないものを選んで

気がつかなかった〜

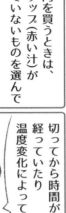

切ってから時間が
経っていたり
温度変化によって

細胞が壊れて
赤い汁に
なってくるから

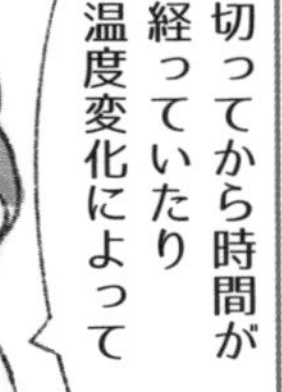

お魚もそう

イワシか…
料理するのむずかしそう

イワシは
簡単だよ

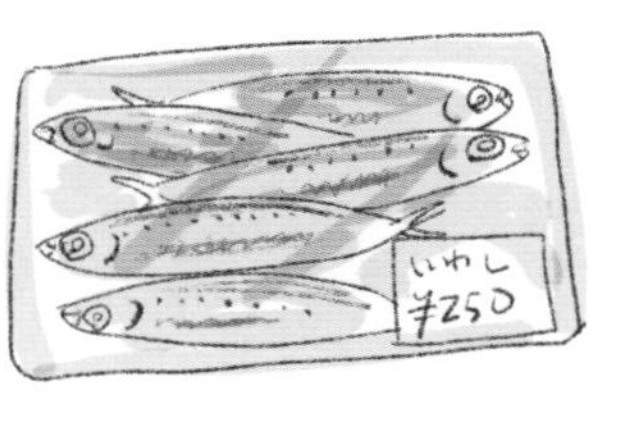
いわし
¥250

※肉の表示は、小売店によって異なります。

イワシのウロコは
簡単に手で
取れるよ

シンクの
中に
あらかじめ
新聞紙を敷いてからね

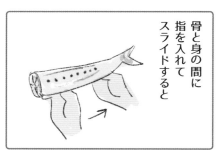

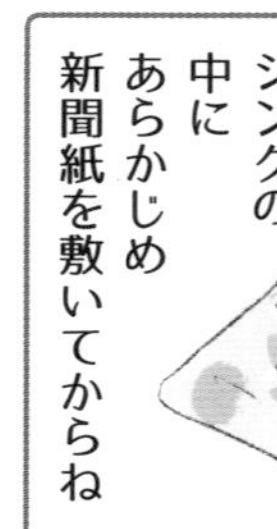

骨と身の間に
指を入れて
スライドすると

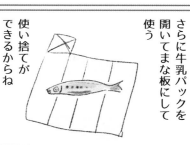

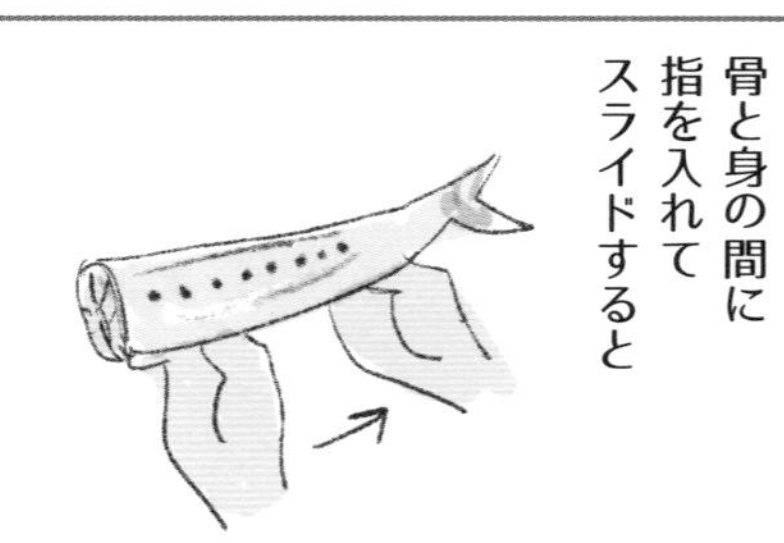

さらに牛乳パックを
開いてまな板にして
使う

使い捨てが
できるからね

骨が簡単に外れる

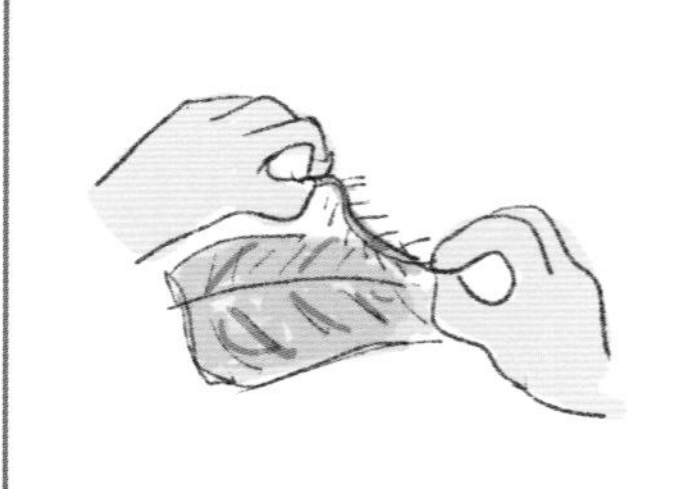

頭を
落とす

頭は捨てる

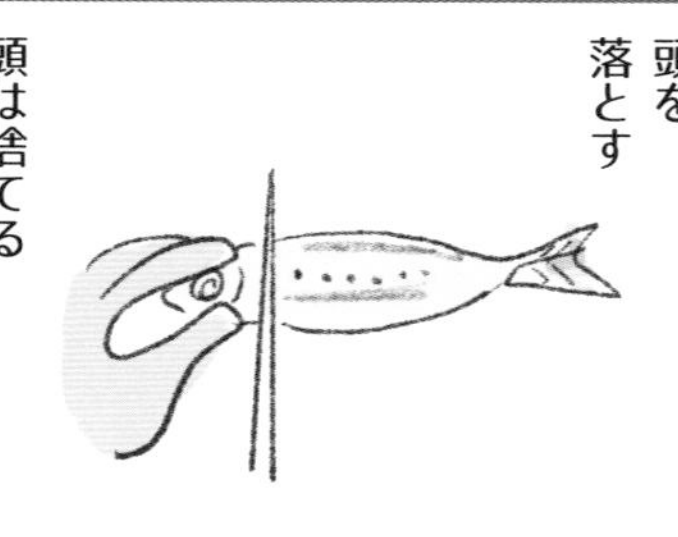

お腹の
小骨の部分を
そいで

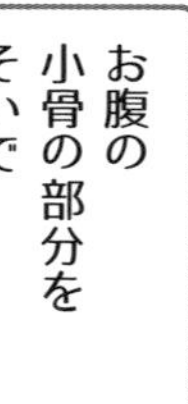

ここも捨てる

次に
腹の部分を
落とす

ここも捨てる

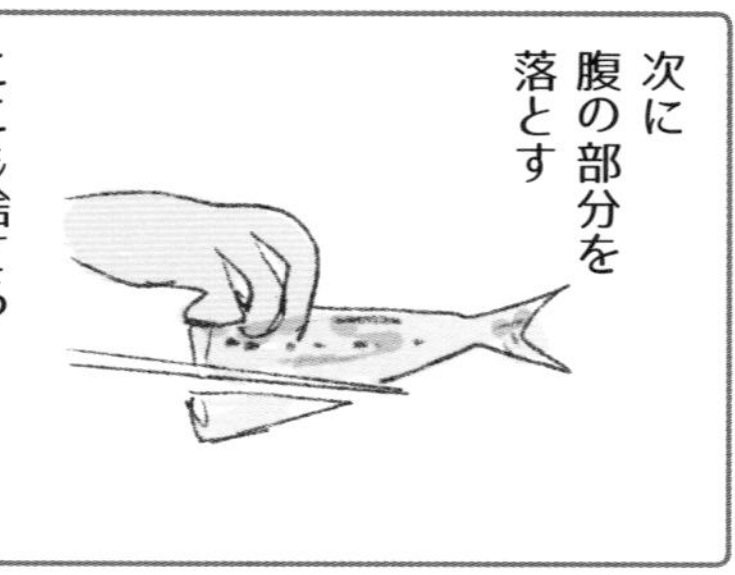

イワシの
身と骨は
水で洗う

身は油を引いた
フライパンで
焼く

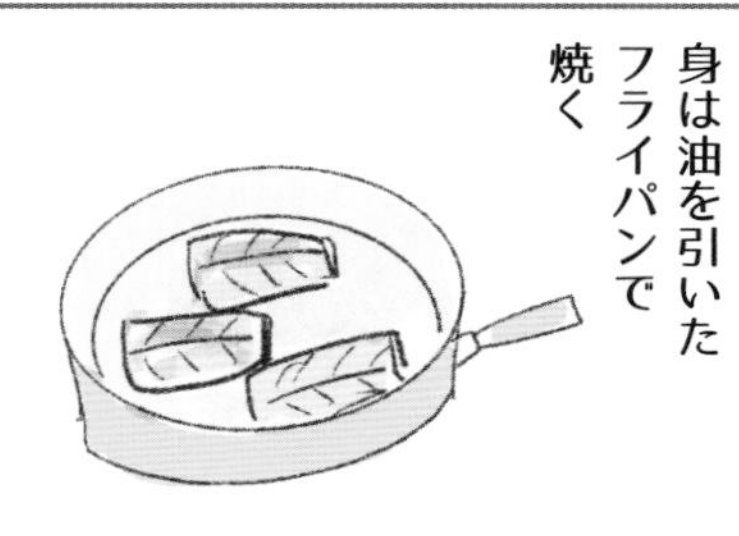

両面を
香ばしく
焼く

柔らかい
からそっと
裏がえして

ポン酢醤油と
チューブの生姜の
タレに

ポン酢
しょうが

熱々のまま
漬け込む

ジュッ

「イワシの焼き浸し」
できたても
おいしいけど

うまっ

玉ねぎとピーマンの
薄切りと一味も
足して
「イワシの南蛮漬け」に

イワシのホネ

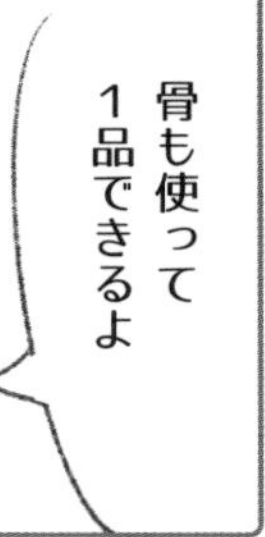
骨も使って
1品できるよ

そうなの？
えっ

サラダ油を
指で骨に塗る
油
全体に
しっかり

塩とごまを
ふって…
塩
S
白ごま

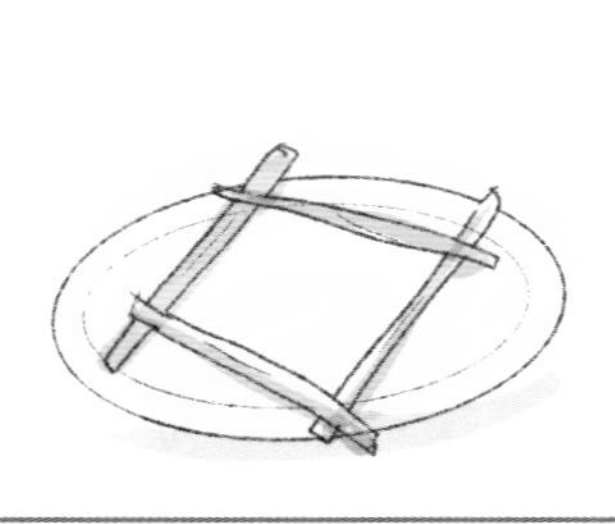
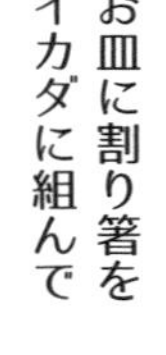
お皿に
イカダに割り箸を
組んで

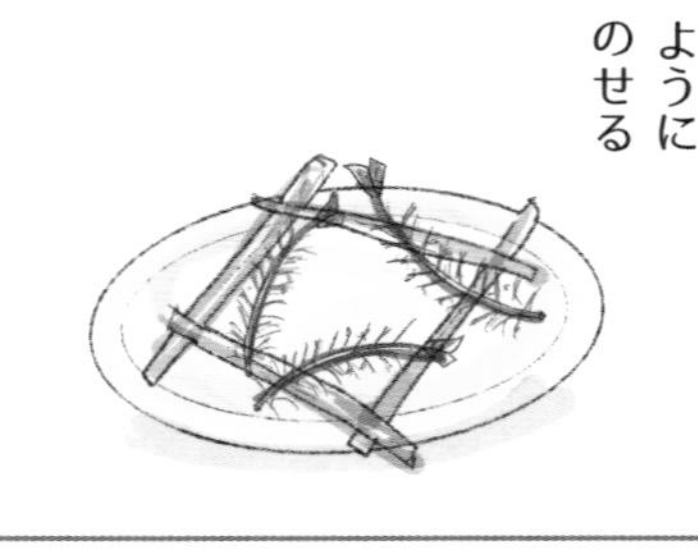
骨を重ならない
ように
のせる

そのまま
レンジで加熱
600W3分

カルシウム
いっぱいの
「骨せんべい」になるよ
おつまみに
最高

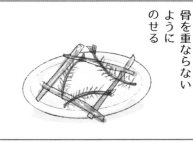

イワシ
丸ごと
食べ尽くす、だね
スゴイ

そう
命をいただくという
ことは
食べ尽くして
感謝するということ
いただきます

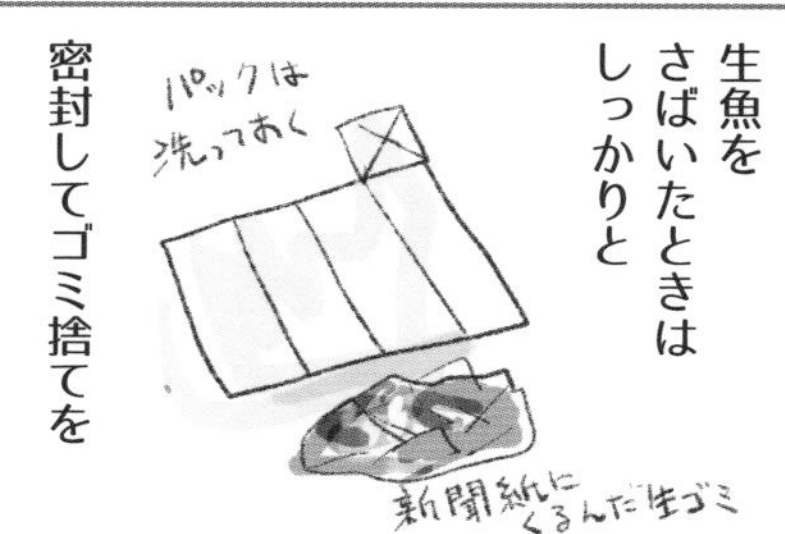
生魚を
さばいたときは
しっかりと
密封してゴミ捨てを
パックは洗っておく
新聞紙にくるんだ生ゴミ

私は
生魚を買うときは
生ゴミを出す
前日って決めてる
容器のラップも忘れずに

そうそう
匂いと言えば

電子レンジに
匂いが
つくから

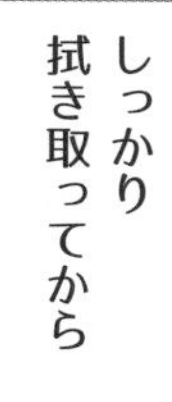
しっかり
拭き取ってから

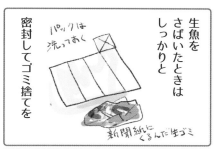

コーヒーのカスで
消臭する

コーヒーのカスで？
「カス」
何それ

コーヒーを
落とした後の
コーヒーの粉のカス

コーヒーカスを
フィルターごと
皿に出し

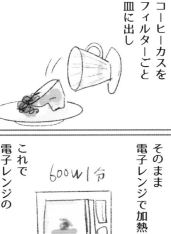

そのまま
電子レンジで加熱
600W 1分
これで
電子レンジの
匂いが取れるよ

コーヒーのカスは
半分くらい
乾燥するから
フィルターは
捨てて
カスはそのまま

サラサラになるまで
レンジで乾燥させる
乾燥+消臭
乾燥したコーヒーの
カスは

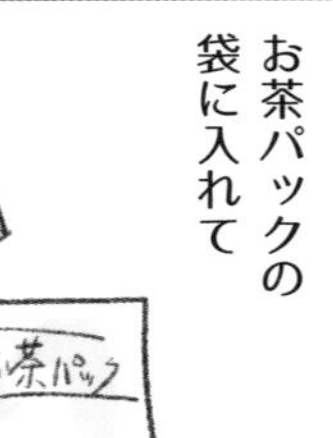
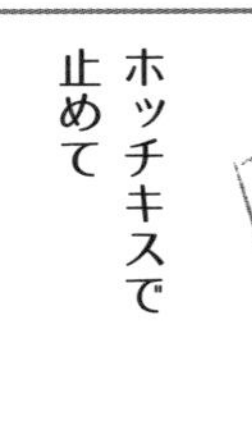
お茶パックの
袋に入れて
お茶パック
ホッチキスで
止めて

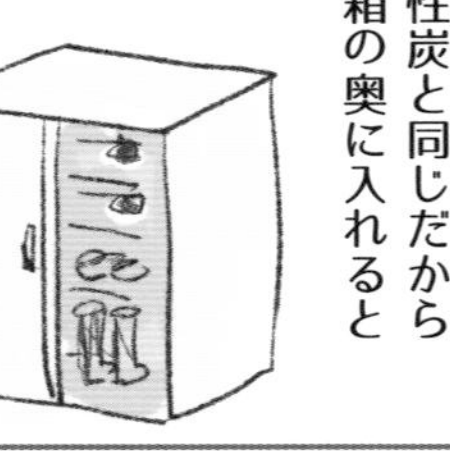
活性炭と同じだから
靴箱の奥に入れると
嫌な匂いを
吸ってくれる

ムダなく！
全てを
利用する！

とも姉の
哲学だね
さすが

とも姉の食材1000円使い道

食材
豚肉 ¥350
合計 ¥1000
玉ねぎ ¥100
いわし
¥80
ピーマン
¥250
¥100
ほうれん草 ¥120
とうふ
骨せんべい ¥0
ほうれん草のおひたし ¥50
いわしの焼きびたし ¥100
¥30
豆腐と玉ねぎのみそ汁
チャーハン ¥120
豚肉のあま辛炒め ¥100
玉ねぎとピーマンの豚肉炒め ¥150
ピーマンのきんぴら ¥50
ひややっこ ¥30
¥130
豚コマのしょうが焼き
いわしの南ばん漬け ¥170
ほうれん草と豆腐の中華スープ
¥40
¥30
玉ねぎまるごと蒸し
ムダなくいただきます
たくさんのメニューすごい

食物繊維を摂って腸内環境を整えよう

最近の研究では

腸は全身の免疫を作り出す重要な場所で…

「人体」

腸の中にいる腸内細菌が

「鉄壁の免疫力」を生み出しています

日本人は、縄文時代から

木の実やキノコなど食物繊維を摂ってきた結果…

一万年以上昔から

腸内には、食物繊維を好んでエサにする腸内細菌が多く住み着きました

長いつきあいだよ

海藻を分解することができる腸内細菌などは

日本人の腸特有のものとして知られています

わかめ
のり
大すき

近代の急激な食生活の欧米化により

食物繊維の摂取量は激減しています

戦後・高度成長期から食が大変化

それがアレルギーや自己免疫疾患などの一因と考えられています

日本人の4人にひとりがアレルギー

とも姉、私、
食物繊維を摂らなきゃ
ヤバイよ
切り干し大根
ひとふくろ ¥150
きり干し大根
いまさら何?
切り干し大根か～
煮つけは
ちょっと
苦手
かな
私でもできる
食物繊維たっぷりの
レシピ教えて
サラダだったら
簡単だよ
オッケー
日本人の
強い味方があるよ
サラダって
生で?
?

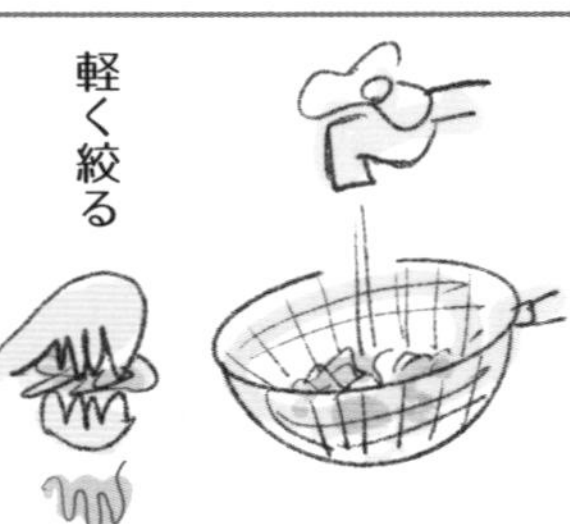
切り干し大根はさっと洗って
軽く絞る

このままキッチンバサミで切る
そこにツナ缶を汁ごと入れる

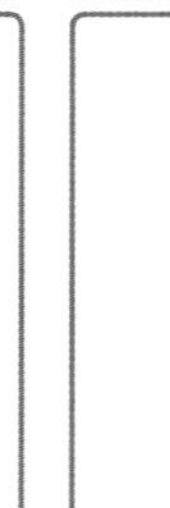
旨味たっぷりの汁を切り干し大根に吸わして戻す

水菜は食べやすい長さに切って
はさみで切っても

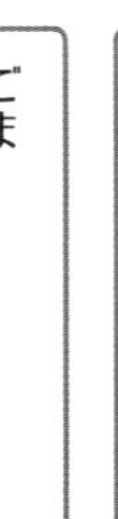
ぽん酢
ごま
刻み海苔をのせ
ポン酢をかけるだけ

包丁いらずで火も使わず
サラダができた

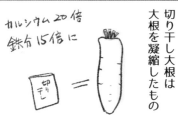

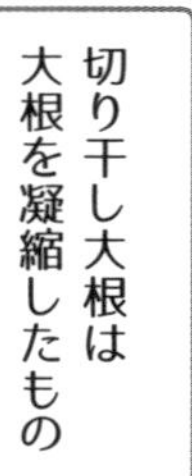
切り干し大根は大根を凝縮したもの
カルシウム20倍
鉄分15倍に
切り干し

日本人の知恵だね～
おいしい～

＼食物繊維のかたまり／

コスパ

切り干し大根のサラダ
100円

切り干し大根　ツナ　水菜
ポン酢　ごま　刻み海苔

＼大根からうまみが出てる／

コスパ

切り干し大根のスープ
80円

切り干し大根　にんじん　玉ねぎ
ベーコン　えのき茸　コンソメスープ

漬けものや
干し野菜は
古代からの
知恵

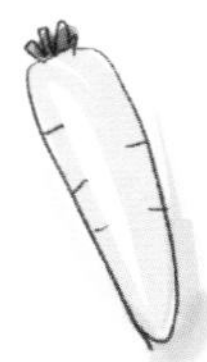

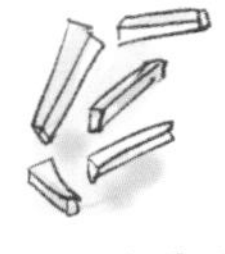

切る
→ 干す
→ 切り干し
大根に
なる

ビタミンCを意外なものから摂取せよ

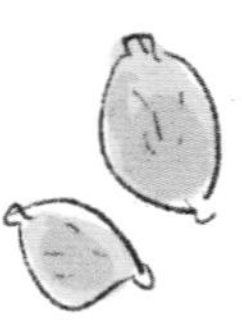

いつもだと生の果物を買っているとも姉も

最近はジュースでビタミンを摂ってるんだ

Face Time

人はビタミンCを体内で作れないから

なんとなく意識してるかな

ビタミンC入り

ビタミンCは

野菜に多いのは当たり前だけど

緑茶にも多いって知ってた?

緑茶(煎茶)のビタミンCはカテキンのおかげで壊れにくいの

カテキン

「カテキン」って聞いたことある

Hello YouTube

お茶の苦渋味成分がカテキン

カテキンには抗菌作用があるから

お茶の産地では
風邪予防に
お茶でうがいをして
防いでいる所もあるよ

ガラガラ

巣ごもり生活になると
なんだかんだ
ティータイムが
多いから
お茶もいいいな

今日
5杯目のコーヒー

でも
急須で入れるんだよね
面倒だな…

茶ガラもでるし

ティーパックの
タイプも
あるから

それと、
意外なものだけど
焼き海苔にも
ビタミンCが
含まれてるよ

海苔ってそんなに
たくさん食べるもの
じゃないいけど
実はカロリーも低くて
栄養豊富

1枚 6カロリー

考えてみたら
海の野菜だもんね

今話題の栄養
「葉酸」も豊富
貧血にも効くらしいし
女子には必須の栄養だね

サプリなみ

あと、忘れているのが
じゃがいも

日持ちするから
買っておくといいよ

でんぷんが
ビタミンCを
守ってくれるし

熱にも強いし
さらに

カロリーは
ご飯の約半分なんだよ

そうなんだ！

レンジでチンだけでも
おいしいけど

レンチン
じゃがバター

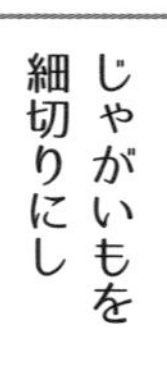

じゃがいもを
細切りにし

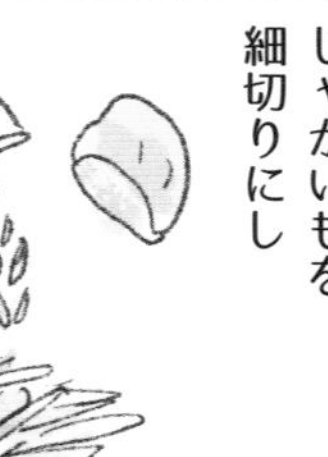
チーズ

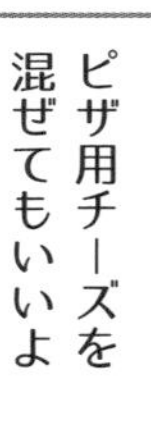

ピザ用チーズを
混ぜてもいいよ

油を引いて
弱火で焼く

じっくり焼くと
「じゃがいものガレット」に

じゃがいもの
デンプンがくっついて
パンケーキ
みたいに
なるよ

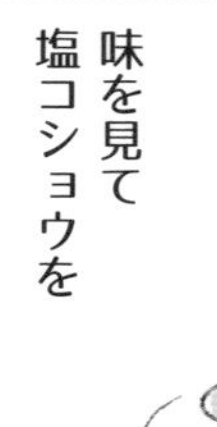

味を見て
塩コショウを

ルーツはスイスの
農家の朝ごはん

ペーター

気分は
アルプスの少女

『激せまキッチンで楽ウマごはん』P138 参照

外はカリッと中はホクホク
じゃがいものガレット
スライサーで千切りにする
混ぜない
ヘラで軽くおさえる
弱火でじっくり（全部で10分くらい）
裏がえすには
皿をかぶせて
皿にのせる
すべらせてフライパンにもどす
S P
塩・コショウ

＼外はカリッと、中はホクホク／

コスパ

ヨーロッパの朝食風プレート 150円

じゃがいも　ベーコン　卵　トマト
ほうれん草　塩コショウ

自炊に飽きた！どうしよう

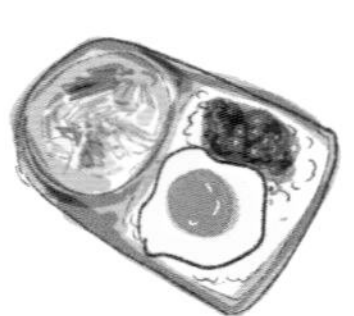

頑張っているのに

朝ごはんの用意しなきゃ…

充実感がない…
ていうより
閉塞感って言うの？
これ

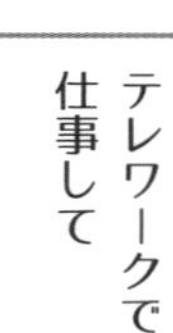

テレワークで
仕事して

外に出たいし…

ちょっとで
いいから
外食したいな～

買い物は
ササッとして

ひなちゃんだけ
じゃないいよ

とも姉も？

自分で
ごはん作って
ひとりで
ごはん
モグモグ

そこで今日はコレ
買ってきた
見て～

見たことのない
お弁当だ
角にある
老舗の
焼き鳥屋の
お弁当だよ
この間も
タイ料理屋さんで
タイの焼きそば
パッタイ弁当買ったの
本場の香り
ここの焼き鳥屋さんに
行ったことないけど
お弁当
売ってたから
やきとり
お店のキャンセルで
出た食材を
ネットで
買い物するんだけど
行き場のない食品
ほ〜
おいしそう…
お弁当も
いいな〜
ひなちゃんも一緒に
シェアしようか
お得でフードロスにもならないし
するする！
知らないお店の味を
お弁当で味見
炭火焼きの香りがする
買うものはとも姉に
おまかせします
やった！
楽しみが
ひとつ増えた！

お得に買って廃棄ゼロに貢献しよう

検索ワード
フードロス
もったいない
訳あり
食品ロス
支援応援
あの お菓子だー
ウナギ
エビ
花
行き場のない高級食品
果物
ハム
魚

結婚式の引き出ものになるはずだった高級おかし
休校による給食中止もあった
ミルク
観光客が来ないので売れないお土産
イベントも中止
青い恋人

もし、あなたが「売り物になるメロン」を作るとしたら、どんなことをしますか？土作りから始め、種まきから収穫まで、100日以上かかります。その間は害虫や台風から守り、温度、湿度、水やりと、一日も気を抜かず世話をします。無事、収穫されたメロンは、糖度・肉質・香り・風味・形・大きさなど、数々の検査の後、出荷されます。もちろん、メロンだけではありません。市場に出回っている農作物や食材は全て生産者が丹精込めて育てたものです。飲食店の休業、入学式、卒業式、給食、結婚式、イベント、宴会の中止。私たちのできる「おいしい助け合い」を考えてみませんか。

飲食業の休業で出荷できない肉

特別なくだものなのに

せっかくのまぐろ

あとがき

人類は歴史の中で「パンデミック」を何度も経験してきました。

ペストが流行した17世紀のロンドンでは、大学が休校になり、実家に帰っていた大学生が、思索と研究を続けた結果「万有引力の法則の発見」につなげました。その大学生の名前は、アイザック・ニュートンです。

巣ごもり生活をニュートン自身は「創造的休暇」と名づけたそうです。

新型コロナウィルスによる緊急事態宣言下での「巣ごもり生活」、皆さんはどう過ごされましたか。

マスクを買うために生じた早朝からの行列、トイレットペーパーの品切れ騒ぎ、テレビでは感染者のカウント、ネットではフェイクニュースも飛び交いました。

言いようのない閉塞感と不安が渦巻く中、私にとっての初めてのパンデミック体験は、「明日死ぬかも」という思いでした。

忘れてしまったかもしれませんが、ある程度の年齢の人なら、皆さん不安に思ったはずです。

そんな中、引きこもって、描きあげた作品が今回の**『激せまキッチンで時短！簡単！ムダなしごはん』**です。

もちろん当時は、本になる予定もなく、勝手に描き始めたのです。

あの時間に、打ち込めるものがあるということは、私にとって幸運でした。
私にとっても、まさに「創造的休暇」でした。

前作に引き続き、素敵なデザインをしてくれたカワチさん、内海さんのポップな料理写真、ご家族に激せま本の料理を作ってくださった大木編集長、担当編集者とマネージャーが同じ名字でややこしい山田コンビ。
皆さんのおかげで、前作を上回るいい本になったと思います。

今後とも、引き続き「激せまキッチンシリーズ」をよろしくお願いします。

「コスパ」については
地域やお店、季節によって
大きく
違いがあります
こんなもの
かなーと
いう感じで
見ていただければ
幸いです
特売品大好き
草野かおる

草野かおる

イラストレーター／防災士

セツモードセミナーを卒業。出版社勤務の後イラストレーターとして活動。夫と2人の娘あり。雑誌（健康、マタニティ、ベビー、料理関係など）を中心にカットやイラストルポなど手がける。PTA、自治会を通じて16年にわたり防災勉強会や防災訓練などで防災活動に関わったことを生かし、東日本大震災の数日後、ブログにて発信を始め、現在はツイートも積極的に行っている。2018年には防災士の資格を取得。防災について、講演を行う他、テレビやラジオの出演も。著書・共著に「4コマですぐわかる 新 みんなの防災ハンドブック」「おかあさんと子どものための防災 & 非常時ごはんブック」「「食事」を正せば、病気、不調知らずのからだになれる ふるさと村のからだを整える「食養術」」（以上ディスカヴァー・トゥエンティワン刊）「伊豆の山奥に住む仙人から教わったからだがよみがえる「食養術」ダメなボクのからだを変えた 秋山先生の食養ごはん」（徳間書店刊）がある。ゆるっとした食養ごはんの写真をインスタグラムで公開しており、本書は「激せまキッチンで楽ウマごはん」（ぴあ刊）の2作目となる。今作も原稿・執筆から調理まで、全て行った。

ブログ：大地震に生き残るヒント　http://ikinokoru.info/
ツイッター：@ kaorutofu　インスタグラム：@ kusanokaoru
激せまインスタグラム：@gekisema_gohan

問い合わせ先：オフィスカンノン　info@kannon.info

Staff

ブックデザイン：カワチコーシ（HONA DESIGN）

撮影：内海裕之

プロップ：momo

編集協力：山田洋子（オフィスカンノン）

激せまキッチンで 時短！ 簡単！ ムダなしごはん

発　行　日　2020年9月10日
著　　　者　草野かおる
統括編集長　大木淳夫
編　　　集　山田真優
発　行　人　木本敬巳
発行・発売　ぴあ株式会社
〒150-0011
東京都渋谷区東1-2-20
渋谷ファーストタワー
編集 03(5774)5262
販売 03(5774)5248
印刷・製本　株式会社シナノパブリッシングプレス

ISBN978-4-8356-3981-9